すごい！「アメリカの歴史」

人物で読む超大国の軌跡

有賀夏紀 監修／株式会社レッカ社 編著

PHP文庫

○本表紙図柄＝ロゼッタ・ストーン（大英博物館蔵）
○本表紙デザイン＋紋章＝上田晃郷

はじめに

短いからこそ濃厚で面白い超大国の歴史

私たちの日常生活でアメリカが出てこない日はない。イラク戦争、コンピューター、ファーストフード、映画など、あらゆる側面で大きな顔を出している超大国アメリカ。

しかし、あまり聞かないことがある。それは「アメリカの歴史」。アメリカ合衆国の基礎を築いたイギリス人が初めてヴァージニアに植民地を築いたのが、たかだか徳川幕府開設の四年後である。「そんな国に歴史があるの」というのが、私たち日本人が、「アメリカの歴史」と聞いたときの反応だろう。ところが、アメリカ史は存在するばかりか、厚みがあり、複雑、しかも、古いものが詰まっており、知れば知るほど好奇心をかきたてる。

アメリカ合衆国憲法は、現在もほぼそのまま有効な、世界で最も古い共和国憲法である。その他、現代社会の特徴である大衆消費文化、市場経済、民主主義政治の諸現象はアメリカ起源が多い。さらにグローバル化の進む今日、世界各地でさまざまな人種・民族の共生が見られるが、アメリカは何と言っても多人種・多民族社会の先輩であり、奴隷制、人種隔離を経て、平等化の道を進んできた。

本書に登場する八十四人は、そんなアメリカ史のさまざまな側面を代表している。政治家、発明家、社会運動家、科学者、俳優……どの人物もユニークであり、そのユニークさがアメリカの歴史を動かす力になってきたことがわかる。

有賀夏紀

すごい！「アメリカの歴史」目次

CONTENTS

CONTENTS

CONTENTS

第一章
合衆国の夜明け前

アメリカ大陸の先住民と入植民
～歴史に姿を現した「新世界」～

紀元前～十七世紀

■アメリカ大陸の発見者はコロンブスではない

アメリカ大陸に初めて居住した人類はアジア系モンゴロイドだった。のちに彼らはコロンブスの勘違いによって「インディアン（インド人）」と呼ばれることになるのだが、この時点ではまだ遠い先の話である。

アジア系モンゴロイドは、二万五千年ほど前の氷河期に移動してきたと考えられている。凍結したベーリング海から北アメリカに到達し、一万年前に大陸全土へ広がった。中南米ではインカ帝国やアステカ王国が栄えたが、北米では国家と呼べるほどの大きな集合体は確認されていない。広大な土地に村が点在し、また村同士の結びつきも弱かった。

次にこの地を訪れたのはノルマン人（ノルウェーのバイキング）だった。西暦一〇〇〇年頃、レイフ・エリクソン一行は豊かな土地を求めて

紀元前～十七世紀

アメリカ大陸の先住民と入植民

～歴史に姿を現した「新世界」～

北アメリカに辿り着いた。彼らはこの地を「ヴィンランド（ブドウの国）」と名付けて入植を試みたが、インディアンとの関係に悩まされた末、開拓は失敗に終わっている。この出来事がヨーロッパ諸国に広まらなかったことや、居住化に至らなかったことから、「レイフがアメリカ大陸の発見者」だとは見なされていない。次に北アメリカが歴史の表舞台に登場するのは、レイフの到達から四百年以上が経過した大航海時代だった。ヨーロッパ諸国によって、この地は大変貌を遂げることになる。

十五世紀に入ると、ヨーロッパでは香辛料の需要が高まり、アジアとの直接貿易を求めて各国が航海に乗り出した。多くの遠征隊がアフリカ大陸迂回による新航路を切り開こうと躍起になるなか、地球球体説を信じて大西洋の西進を試みたのがイタリア人コロンブスだった。

一四九二年八月、スペイン王室の援助で航海に出たコロンブスは、同年十月にカリブ海の島に辿り着いた。コロンブスは生涯この地を「東インド」だと信じて疑わなかったという。だが、のちに新大陸であることが判明すると、各国はこぞって入植に力を注ぎはじめた。

そして一六〇七年、入植したイギリス人によって、バージニアにジェームズタウンが建設された。この小さな町が、のちにアメリカ合衆国の建国へと繋がっていくことになる。

レイフ・エリクソン

コロンブスよりも早くアメリカ大陸を発見したバイキング

十世紀後半〜十一世紀

レイフはノルウェーのバイキングで、大西洋を船で渡ってアメリカ大陸に到達した初めての人物といわれている。「バイキング」と聞くと海賊のイメージが強いかもしれないが、正しくは「中世ヨーロッパ時代におけるスカンジナビア半島に住む人々」を指す名称である。主な生業は農業や漁業であり、東アジアや中東との通商のために海を渡るようになった。また大航海時代以前から優れた航海術を誇り、ヨーロッパ海域を席巻していた。

レイフはアイスランドで生まれ、グリーンランドで育った。グリーンランドは「赤毛のエイリーク」と呼ばれる彼の父が発見し、命名したとされている。人心掌握と農業の経営手腕に長けたエイリークだが、頑固で粗暴な一面も持ち合わせていた。のちにレイフがノルウェー王から洗礼を受け、グリーンランドにキリスト教を広めようとした際に、家族のなかでエイリークだけが改宗を拒んだそうだ。

この父との衝突が原因だったのか、帰国からほどなくしてレイフは、グリーンランドよりもさらに西へ探検航海の旅に出た（ノルマン人の植民の歴史が綴られた文献『サガ』によると、当時の人々はグリーンランドよりも南西に大陸が存在することをすで

に認識していた。レイフはこの真相を確かめるために海を渡ったともいわれている）。

こうして一〇〇〇年ごろ、レイフは北アメリカの北東沿岸部に辿り着いた。詳しい場所は諸説紛々だが、彼が「ヴィンランド（ブドウの国）」と名付けた地は、現在のニューファンドランド島（カナダ）という説が有力だ。その後、彼が建設した入植地に数百人のノルマン人が移り住むことになったが、先住民とのトラブルが絶えず、入植は失敗に終わっている。

帰国後、レイフは父の後を継いでグリーンランド西岸部の権力者として余生を過ごすことになった。しかし、彼の偉業は口伝によって『サガ』に記され、のちに同文献を読んだコロンブスが、大西洋横断に踏み切るための力強い後押しとなったのである。

クリストファー・コロンブス

信念を貫きアメリカ大陸の地を踏んだ大航海者

一四五一～一五〇六年

大西洋を横断してアメリカ大陸に到達したコロンブス。彼が築いた航路はヨーロッパ諸国とアメリカ大陸に強固な結びつきをもたらした。先住民と入植民の立場によって評価は分かれるが、彼が果たした歴史的な役割はきわめて大きい。

コロンブスは一四五一年、イタリアのジェノバで生まれたという説が有力である。毛織物業を営む家庭で育ったものの、若い頃から貿易会社に勤め、交易船の乗組員として働いていた。彼の半生については異説があり、「スペインで生まれたのでは？」「実はユダヤ人だ」など出生からして定かではない。だが、度重なる航海で経験を積んだことはたしかで、ポルトガルやスペインの新航路探索の話題を見聞した際には、一航海者として大きな興味を抱いたと考えられる。

二十代のころからヨーロッパ各地を訪れ、知識を蓄えるたびにコロンブスの冒険心は掻き立てられていった。なかでも彼を刺激したのは、ポルトガルの首都リスボンで学んだ「地球球体説」だった。天文学者トスカネリが唱えた新説に感銘を受けた彼は、「大西洋を西進すればアジア大陸に辿り着く」との推論を打ち立てた。さらに自身の考えを確信へと近付けるためにアイスランドへ渡り、ノルマン人の大西

クリストファー・コロンブス

洋航海が記録された文献『サガ』を閲覧したともいわれている。

■「新航路」の発見で訪れた栄光の日々

一四八〇年代前半、すでにコロンブスは大西洋航海の計画を完成させていた。しかしながら、航海に積極的なスペインやポルトガルに資金援助を求めても、なかなか許可が下りなかったという。この背景として、すでにポルトガルでは遠征隊がアフリカの喜望峰に達し、「いまさら新航路を開拓しなくともアジアに上陸できる」と考えられていたこと、スペインではグラナダにおけるイスラム勢力との争いが激化し、援助金の捻出がためらわれたことが挙げられる。

結局、彼の航海が実現したのは一四九二年。グラナダ制圧に成功したスペインに航海費を出す余裕が生まれ、同年八月三日にようやく「サンタマリア」「ニーニャ」「ピンタ」号の三隻の船でパロス港から出航を果たした。

自信に基づいた航海だったが、カナリア諸島へ立ち寄って以降は水平線しか見えない船旅が一ヶ月以上も続いた。

当初の予定を上回る日程となり、不安を募らせた船員が暴動を起こしたとも伝えられている。航海の続行は、反旗を翻《ひるがえ》した船員に命を奪われかねない……。そんな緊迫した状況で迎えた十月十二日、船の前方に待望の陸影が現れた。上陸した島（西インド諸島）を「サン・サルバドル（聖なる救世主）」と名付けたのは、コロンブスの安堵の表れだったのかもしれない。

その後、キューバやイスパニョーラ島を発見した一行は、一四九三年三月にスペインに帰国。「大西洋横断」の偉業は瞬く間にヨーロッパ諸国に広まり、コロンブスは時の人となった。

到達した地の副王および総督という地位を授かり、彼の未来は順風満帆に進むはずだった……が、彼はその後、不遇の道を歩むことになる。

■「勘違い」から不遇の晩年を送る

一四九三年、二回目の航海は参加者千五百人を超える大所帯となった。参加者の多くは「アジア大陸」の金鉱と香辛料が目的だったという。しかし、「アメリカ大陸」では香辛料が得られず、当時は期待以上の金鉱も発見できなかった。次第に入植者の不満が募りはじめ、追い打ちをかけるように強制労働を強いた先住民の反乱が頻発する。以後、三、四回目の航海でも成果を得られないばかりか、混乱が続く植民地の責任を取らされたコロンブスは、副王と総督の地位を剥奪されている。

こうしてスペイン王室の信用を失ったコロンブスは、四回目の航海から帰国して二年後の一五〇六年五月二十日、失意のうちに病魔に冒されてこの世を去った。

アメリカ大陸に到達しながらも、新大陸であることに気づかなかったコロンブス。大航海者の人生行路は、幾度となく挑んだどの航海よりも厳しいものだった。

アメリゴ・ヴェスプッチ

銀行員から航海者に転身した遅咲きの探検家

一四五四〜一五一二年

コロンブスの成功を機にアメリカ大陸への航海が活発化したが、多くの人間はこの大陸を「東アジア」だと思い込んでいた。これに対して「アジアではなく別の大陸」だと主張したのが、ヴェスプッチである。

イタリア出身のヴェスプッチは、もともと航海とは無縁の銀行員だった。しかし、メディチ銀行セビリア支店への派遣をきっかけに、彼は歴史と世界地図にその名を刻むことになる。港湾都市セビリアで航海の魅力に開眼したヴェスプッチは、四十歳前後にしてスペイン遠征隊への参加を決意した。一四九九年（一五〇一年との説もある）に南米を航海し、ヨーロッパ人として初めてブラジルに上陸。このとき、コロンブスが到達した大陸はアジアではないと確信し、一五〇三年に「新大陸説」を唱える報告書を発表した。新大陸説はコロンブスの「到達」に匹敵するほどの関心を集め、新大陸を発見したのはヴェスプッチだと誤解する者も多かったという。また、同説を支持したドイツの地理学者、ワルトゼーミュラーも誤解したひとりだと考えられている。彼は一五〇七年に製作した世界地図に新大陸を追加し、その大陸をアメリゴの名にちなんで「アメリカ」と命名したのだった。

エルナンド・デ・ソト

「ミシシッピ川発見」と「インカ帝国攻略」の功罪

一四九六頃〜一五四二年

エルナンドはスペイン人探検家で、積極的な植民活動を行ったコンキスタドール（征服者）である。

一五三一年、ペルー支配の命を受けたフランシスコ・ピサロの遠征隊に参加したエルナンドは、インカ帝国の皇帝アタワルパと接触してキリスト教への改宗を迫った。しかし、これを拒否したアタワルパがスペインの駐留にも難色を示したため、ピサロ率いる遠征隊はインカ帝国を攻め落とし、滅亡へと追いやった。この争いで巧みな戦術を発揮した彼は、征服の英雄としてスペインのサンティアゴ騎士団に招き入れられた。ただ、先住民に対する残虐行為も後世に語り継がれることとなり、インカ人をルーツと考えるメスチソには、現在でもピサロとともに「インカ文明を滅ぼした残忍なスペイン人」と捉えられている。

次に北米の征服を任された彼は一五三九年、フロリダ州・ポートシャーロットに上陸。だが、ここでは期待された成果をあげられないまま、一五四二年五月に熱病でこの世を去った。死体は晩年に辿り着いたミシシッピ川に埋葬された。彼をこのミシシッピ川にヨーロッパ人として初めて到達した人物とする者もいる。

ポカホンタス

植民地開拓の促進に利用された悲劇のヒロイン

一五九五頃〜一六一七年

ポカホンタスは一五九五年頃、アルゴンキン・インディアン系のポウハタン族、首長ポウハタンの娘として誕生したといわれている。先住アメリカ人（インディアン）である彼女は、植民地の歴史を語る上で欠かせない重要人物のひとりだ。

一六〇七年、イギリス人入植者がバージニア地方に上陸すると、ジョン・スミスが中心となってインディアンの土地にジェームズタウンを建設した。入植者とインディアンは文化や思想の違いから衝突を繰り返すようになり、同年冬にスミスはポウハタン族に捕まってしまう。このときポカホンタスが首長である父に懇願し、処刑の危機に晒《さら》されていたスミスの命を救ったという。この命乞いのエピソードはスミスが晩年綴った著書に記されているが、当時の彼がポウハタン族の言語を理解していないことなどから、現在ではスミスの勘違い、あるいは創作との見方が強い。

いずれにせよ、スミスが解放されたことは事実であり、これにより両者の間に友好関係が築かれはじめた。彼女は頻繁にジェームズタウンを訪れるようになるが、両者の対立が消えた訳ではなかった。その証拠に、一六一二年に入植者側は捕虜となった仲間の解放を求め、ポカホンタスを人質として拘束したのだ。この期間に彼

女は英語を習い、キリスト教に改宗。レベッカという洗礼名を授かり、一六一四年、タバコ栽培の改良に成功した入植者ジョン・ロルフと結婚した。ただし、これは入植者が先住民との和平を狙った「政略結婚」とも見られている。

また、一六一六年にイギリスを訪問した際、彼女は「先住民はイギリスの文化を受け入れる無害な存在」の象徴として扱われ、植民地開拓の促進に利用された。

そして、ロンドン社交界の歓迎を受けたが、一六一七年、帰国直前に重病にかかり死去。故郷の地を再び踏むことなく二十数年という短い生涯を終えた。

彼女の人生はしばしば小説や映画として作品化されている。アメリカ黎明《れいめい》期における「悲劇のヒロイン」は、いまなお強い存在感を放っているのだ。

アメリカ大陸の植民地時代
〜植民地戦争を経てイギリスが握った覇権〜

十六世紀〜十八世紀

■十七世紀に入ってから北アメリカへの入植が活発化

コロンブスのアメリカ大陸発見以降、ヨーロッパ諸国はその地を支配するべく、視野をはるか西へと向けるようになっていた。まずは大航海時代をリードし続けていた二大国、スペインとポルトガルが先陣を切って入植に乗り出した。

十六世紀前半、スペインはサントドミンゴ――コロンブスがイスパニョーラ島に建設――を拠点に中南米へと進出をはかった。同地域に栄えたマヤ文明、アステカ文明、インカ文明を次々と侵略し、財宝を強奪して莫大な富を手中に収めた。かたやポルトガルは、南米のブラジルを支配下に置き、大規模な砂糖プランテーションを建設。先住民に労働を強いて世界有数の砂糖生産地を築き上げていた。

十六世紀～十八世紀

アメリカ大陸の植民地時代
～植民地戦争を経てイギリスが握った覇権～

このように十六世紀の植民活動は、ラテンアメリカが舞台の中心だった。一方の北アメリカはというと、まだ各国による探検航海が行われていた。一五六五年、他国に先駆けてスペインがフロリダにセントオーガスティンを建設しているが、北アメリカへの入植が活発化したのは十七世紀に入ってからである。

■北米を支配したイギリス

一六〇七年、バージニアにイギリス初の植民地であるジェームズタウンが建設された。そして一六二〇年には、マサチューセッツのプリマスに「メイフラワー号」が到着している。プリマスに移住したイギリス人たちは、「ピルグリム・ファザーズ（巡礼始祖）」と呼ばれた百二人のピューリタン（清教徒《せいきょうと》）だった。

十六世紀に誕生したピューリタンは、イギリス国教会の改革を求めるプロテスタントの一派だった。そのなかでも「ピルグリム・ファザーズ」は同教会からの分離を主張する急造派だった。彼らは初めてオランダに移住し、その後、他の清教徒《せいきょうと》を加え、総勢百二人が信仰の自由を求めて新大陸に渡ったのだった。一六三〇年にはピューリタンの別の一行（千人）がマサチューセッツ湾に植民し、先に植民したプリマスを吸収、マサチューセッツ湾植民地は大きく発展していった。本国の宗教弾圧を逃れ、新大陸に理想の共同体を築くためにやって来たピューリタンだったが、そこでは彼らの教会の教えに反する異端者を排斥《はいせき》した。

十七世紀半ばまでに植民地を拡大したイギリスは、やがて他国の植民地と抗争を繰り広げるようになる。一六六四年、オランダ領ニューネーデルラントを制圧してニューヨークと改名。そして十七世紀後半からはフランスと幾度となく戦争を繰り返すことになった。一連の争いは「北米植民地戦争」と呼ばれている。

英仏間の争いはヨーロッパ内の国境問題や王位継承に端を発した「第二次百年戦争」に含まれ、戦況を重ねるにつれてイギリスが優位に立った。イギリスはアン女王戦争でニューファンドランド、アカディア、ハドソン湾を獲得（一七一三年ユトレヒト条約）し、フレンチ・インディアン戦争ではカナダとミシシッピ川以東を獲得（一七六三年パリ条約）することに成功している。

フレンチ・インディアン戦争の敗戦によって、フランスは北米大陸の植民から完全に撤退。北米東部全域を手中に収めたイギリスに、もはや敵はいないかと思われた。

しかし、領土の拡大と他国との戦争に目を奪われていたイギリス本国

十六世紀〜十八世紀

アメリカ大陸の植民地時代
〜植民地戦争を経てイギリスが握った覇権〜

は、植民地側の本国に対する不満が鬱積《うっせき》していたことに気がつかなかった。これはやがては、本国との武力衝突へと至り、究極的には植民地の独立へと発展していくことになる。

■アメリカ大陸に拘引された黒人奴隷

植民地の開拓は、ヨーロッパ諸国に新たな希望とビジネスチャンスをもたらした。だが、同時に数多くの犠牲者も生み出した。彼ら入植者が犯したふたつの大罪、ひとつは先住民の大量虐殺、そしてもうひとつは黒人奴隷制の導入である。

イギリスの植民地に初めて黒人が連れてこられたのは、一六一九年のことだった。バージニア植民地がオランダ商人から二十名の黒人を購入したとされている。その後、南部プランテーションの労働力として、黒人奴隷が使われるようになり、その数は急増していった。

ただし、当時の黒人奴隷は白人の「奴隷狩り」ではなく「奴隷売買」によるものだった。ヨーロッパでアフリカ人の奴隷化がはじまった十五世紀から十六世紀は、一部で白人による奴隷狩りが横行していた。しかし奴隷貿易がはじまると、白人と結託したアラブ人や黒人権力者が、仲間である黒人を奴隷として売り渡すようになったのだ。

ウィリアム・ペン

「自由と平等」の植民地開拓者

一六四四～一七一八年

ペンシルバニアを開拓したウィリアム・ペン。熱心なクェーカー（キリスト友会）教徒だった彼は「平和主義」に基づく統治を進め、民主的かつ近代的な都市をつくりあげた。だが、しばしば彼の思想はイギリス本国と衝突し、その人生は起伏に富んでいた。

イングランド海軍提督の父を持ち、裕福な家庭に育ったペン。父のウィリアム卿は王政復古の際、亡命していたチャールズ二世をイングランドに迎え入れ、金銭を含め王室に大きな貸しをつくった名士だった。ウィリアム卿は「いつか息子にも王室を支える人間になって欲しい」と、ペンに幼いころから英才教育をほどこしたという。しかし父の願いも虚しく、成人後のペンは父とは正反対の道を歩みはじめる。

■イギリス王政を批判して何度も投獄される

すべての発端は一六六七年、彼がクェーカーに目覚めたことだった。クェーカーは十七世紀中頃にジョージ・フォックスが創始したキリスト教プロテスタントの一派で、「神は聖書の中ではなく人の心の中にある」という考えのもと、従来の伝統

ウィリアム・ペン

儀礼を排除したばかりか無政府主義にも通じる思想を説いた。そのため、クェーカーは創始直後から異端視され、破門や死刑などの迫害を受ける日々が続いていた。

熱心なクェーカーだったペンもまた、オックスフォードのクライストチャーチ大聖堂から追放されている。さらに一六六八年にはキリスト主流派の三位一体《さんみ》説を否定する『揺れる砂上の楼閣』を執筆して獄中へ。その後も集会で王政廃止を訴え続け、幾度となく身柄を拘束された。法廷では判事であるロンドン市長に食ってかかり、侮辱罪で再度投獄されたこともあったそうだ。

■「神聖なる実験の場」ペンシルバニア

イギリス本土でクェーカーの迫害が厳しさを増すなか、ペンの意識は新大陸・アメリカの大地へと向かうようになっていた。そんな折に彼は、チャールズ二世からニュージャージーの土地とその領主権を与えられる。これはチャールズ二世がウィリアム卿から借りた金の返済分であり、すでに他界していた父に代わってペンが譲り受けたものだった。

一六八二年、かくして彼は大西洋を渡った。植民地の名はペンシルバニア（ペンの森）。ただし、同地の「ペン」は父ウィリアム卿に由来するもので、チャールズ二世の要望による命名だった。クェーカーたるペンが植民地で目指したのは徹底した平和主義。「性別、人種、宗教を越えた平等」を掲げ、他国からの移民はもちろん、クェーカー以外の宗派も寛容に受け入れた。また、彼は先住アメリカ人（インディアン）の土地所有権を認め、征服ではなく金銭交渉による土地獲得を試みたといわれている。ほかにも選挙による統治者の選出や公正な裁判を実現し、「神聖な実験」と呼ばれる民主的な統治が行われた。

■死後もアメリカ社会に大きな影響を与える

彼の民主的な統治を聞きつけ、ペンシルバニアには自由を求める移民が多く押し寄せた。なかでもフィラデルフィアは北部屈指の都市として栄え、のちにペンシルバニア議事堂でアメリカ独立宣言（一七七六年）が行われたことでも有名になる。ところが、領主であるペン自身はイギリス本国の莫大な借金に苦しみ、返済できずに入獄。法廷で金銭問題を争い続け、一七一八年にこの世を去った。

しかし彼の死後も、その思想は生き続け、アメリカ社会に大きな影響を及ぼしている。彼が掲げた民主主義は合衆国憲法に反映され、「人種を越えた平等」を継承したクェーカーは奴隷解放を積極的に訴えたのだ。

一九八四年、ロナルド・レーガン大統領によって、イギリス市民のペンとその妻ハナは「アメリカ合衆国名誉市民」に選出されている。アメリカに多大な功績を残した非市民（外国人）に与えられるこの市民権は、二〇〇八年九月現在、ペン夫妻を含めて六人しか受賞していない。

ピーター・ゼンガー

「出版の自由」を勝ち取った情熱の新聞屋

一六九六〜一七四六年

一七三五年、植民地御用印刷人ピーター・ゼンガーは『ニューヨーク・ウィークリー・ジャーナル』の発行を続けていた。それも暗く狭い「監獄」の中から——。

一七一〇年、ドイツ系移民のゼンガーは戦火を逃れてオランダからニューヨークに渡った。そして新聞発行人ブラッドフォードのもとで印刷業を学び、一七二六年に独立するとオランダ語の出版物を発行しはじめた。そんな彼が『ジャーナル』紙を創刊したのは、オランダ系民衆の不満を代弁するためだった。英蘭戦争によってオランダ領からイギリス領になって以降、ニューヨークでは税金の使途をめぐって不満の声が高まっていた。しかし、紙面でイギリス政府を批判した結果、彼は一七三四年に扇動的名誉毀損の罪で拘束されてしまう。それでもゼンガーは、限られた自由を駆使して獄中から新聞を発行し続けた。そして翌年、敏腕弁護士アンドリュー・ハミルトンの協力を得て見事無罪を勝ち取ったのである。

現代でこそ「表現の自由」は民主主義国家における当然の権利だが、植民地時代のアメリカは、イギリス政府の厳しい干渉を受けていた。その状況下で起きた「ゼンガー裁判」は、「真実の批判」が無罪であることを証明した。

ジョン・ホーソン

悲劇の「セイラム魔女裁判」を招いた判事

一六四一～一七一七年

一六九二年、セイラム村（現マサチューセッツ州ダンバース）で大規模な「魔女狩り」が行われた。「キリスト教徒でありながら悪魔に魂を売った」と判断し、百人以上の村民を次々と投獄した予審判事ジョン・ホーソンは、この「セイラム魔女裁判」を引き起こした元凶のひとりとして最も有名な人物である。

一六四一年、マサチューセッツ植民地の名士ウィリアムの息子としてジョンは誕生した。当時のマサチューセッツは先住民やフランス人との争いで統治が乱れ、彼の成人後も正式な裁判所は存在していなかった。そんななか、予備審問の判事を任されるようになったジョンは、強引な訊問と偏った判決を繰り返し、次々とえん罪被害者を生み出していたという。

件《くだん》の魔女裁判も、こうした背景のなかで起こった。禁止されていた降霊会を開いて精神に異常をきたした女性が現れた際、ジョンは魔女の疑いがかけられた人々をことごとく監獄送りにしたのだ。ほどなくして収監所は定員オーバーとなり、収監所の人数を減らすかのごとく魔女裁判が繰り返された。この結果、およそ二十人が処刑され、拷問などによって六人が獄中で命を落とすことになった。

「黒人劣等説」を覆した偉大なる天文学者

ベンジャミン・バネカー

一七三一～一八〇六年

独学で天文知識を養い、木製時計と暦を作成した黒人科学者バネカー。白人主導のアメリカ建国期に「科学者」として政府に必要とされたばかりか、その影響力から「黒人」として差別問題にも一石を投じた数少ない人物である。

バネカーが育ったメリーランド州は、のちの南北戦争で分断された境界州のひとつで、植民地時代から奴隷制の存続と廃止の間で揺れ動く複雑な背景を抱えていた。奇《く》しくも同地域で彼は、南北戦争開戦の七十年以上も前から差別と戦っていたことになる。エチオピア系の「自由黒人（奴隷ではない黒人）」だったバネカーは、父のタバコ農場を受け継ぎつつ、機械工学や科学を勉強する日々を送っていた。天文学との出会いは五十七歳と意外に遅く、近所に住むクエーカー教徒の科学者ジョージ・エリコットから天文学の本を借りたのがきっかけだった。

科学者として頭角を現した彼は、一七九一年に転機を迎える。国務長官トマス・ジェファーソンに推薦され、新首都建設委員会の一員に迎えられたのだ。国の重要なポストに黒人を据える異例の大抜擢だったが、ジェファーソンは彼の能力こそ認めたものの、「黒人を人間と見なすが、白人に比べて頭脳と肉体は劣っている」と

差別的な姿勢を崩さなかった。

これに対し当時の新聞は「優れたバネカーの存在が、ジェファーソンの根拠のない黒人劣等論を浮き彫りにしている」と揶揄《やゆ》したそうだ。失意を抱えながら委員会の仕事を終えた彼は一七九二年、ついに独自の計算式による暦を完成させた。この発明で「黒人は劣っていない」ことを証明するべく、ジェファーソンに奴隷解放を訴える手紙を送ったというが、無情にも彼の意見は退けられ、黒人の待遇には何の変化も見られなかった。

バネカーの暦は一七九〇年代に六都市で採用されたが、単なる「科学者の発明」で終わったわけではない。偉大な黒人科学者は多くの奴隷廃止論者に支持された。暦の採用は奴隷解放運動の重要な役割を担っていたのである。

フィリス・ホイートリー

アメリカ独立を鼓舞した黒人文学の先駆者

一七五三頃～一七八四年

無名だった者が地位や境遇に負けず、成功を収めて有名になること――それが「アメリカンドリーム」。アメリカ建国以来、同国の理想であり象徴とされた言葉だが、これは、あくまで「白人たちの自由や平等」に基づくものだった。ならば、黒人が冷遇された当時のアメリカにおいて、文才ひとつで奴隷から自由を勝ち取ったフィリス・ホイートリーの成功は何と呼べばいいのだろう……。

■詩人として初めて民衆に受け入れられた黒人女性

一七六一年、ひとりのセネガル人少女を乗せた奴隷船がボストン港に到着した。七、八歳前後の彼女が運ばれてきた船はフィリス号、仕えた先がホイートリー家だったことから、彼女の名はフィリス・ホイートリーと名付けられた。奴隷として連れてこられたフィリスだったが、最大の幸運はホイートリー家に買い取られたことだろう。ホイートリー夫妻は彼女の才覚を早くから見抜き、英語の読み書きやラテン語の教育をほどこしたのだ。彼女が十歳になったころ、すでに周囲の白人女性よりも豊かな知識を身につけていたという。

聖書や詩に触れた彼女は、十二歳から詩の創作をはじめた。彼女の作品を気に入ったホイートリー夫人スザンナは、いつしか彼女を社交場に連れていき詩の朗読をさせるようになる。そして一七七三年、夫人の尽力によって彼女は、ロンドンの出版社から詩集『諸事に関する詩／宗教と道徳』を発売したのである。

同作は発売元のロンドンはもちろん、アメリカでも高い評価を受け、フィリスは奴隷の身分から解放されるに至った。また、イギリスからの独立を求める当時のアメリカ情勢と合致し、ジョージ・ワシントンとの謁見も果たしている。

一七八四年、フィリスは三十一歳の若さでこの世を去った。しかし「黒人文学の先駆者」の作品は、アメリカ文学史に今でも生き続けている。

イギリス英語とアメリカ英語

◆独自に発展していった「アメリカ語」

現在アメリカで使われている英語は、主に十七世紀にイギリスから持ち込まれた英語が基礎となっている。そこへ世界各国から大量に移民が流入したことに伴い、英語の形も徐々に変わっていった。この背景には独立革命後、「アメリカ語」として言語的にも自立しようという国民意識の働きもあった。

その後、一九二〇年代のマスメディアの発展、六〇年代のウーマンリブ運動やヒッピーの出現などを経て、アメリカでは独自の「soap opera（昼間の連続ドラマ）」といった複合語や「tall talk（ほら話）」などの誇大表現が生まれていった。とくに表面的形態といえる名詞には、世界各国の言語からの影響も見受けられ、そしてアメリカらしい柔軟な言語意識がうかがえる。

■ 両国の主な異句単語

	アメリカ	イギリス
アパート	apartment	flat
1階	first floor	ground floor
携帯電話	cellular phone	mobile phone
更衣室	locker room	changing room
サッカー	soccer	football
地下鉄	subway	underground
ビスケット	cracker、cookie	biscuit
フライドポテト	french fries	chips
遊園地	amusement park	fun fair
幼稚園	kindergarten	nursery

第二章 アメリカの独立

国家「アメリカ」の誕生

～十三植民地がイギリスから勝ち取った自由～

十八世紀前半～後半

■独自の発展を遂げた十三植民地

イギリスが開拓した植民地は、一七三三年に建設されたジョージアをもって計十三植民地となった。このころになると、各植民地はイギリス本国の力を借りることなく独自の発展を遂げるようになっていた。

この背景として、植民地に一定の自治が認められていたことが大きい。本国から派遣された総督が各植民地のトップに立っていたが、議員は入植者の中から選ばれた。また、駐屯する英兵はごく少数で、治安は同地で暮った民兵に委ねられていた。のちにリンカーンが語る名文句になぞらえれば、まさに「入植民の入植民による入植民のための統治」が行われていたのだ（もともと「人民の～」は聖書からの引用ではあるが）。

十三の植民地は大きく三つの地域に分けられる。北東部（マサチュー

十八世紀前半～後半

国家「アメリカ」の誕生

～十三植民地がイギリスから勝ち取った自由～

セッツ、ニューハンプシャー、ロードアイランド、コネチカット）ではボストン港を中心に漁業や貿易が栄え、豊かな森林を背景に製材・造船業も営まれた。また、中部（ニューヨーク、デラウェア、ニュージャージー、ペンシルバニア）では小麦などの穀物が、南部（メリーランド、バージニア、ノースカロライナ、サウスカロライナ、ジョージア）ではタバコなどのプランテーションがおこり、本国やヨーロッパ諸国へと輸出された。

　こうして経済面でも大きな成長を遂げた植民地には、いつしかイギリス本国に頼らない「独立の基盤」が築かれていたのだ。

　フレンチ・インディアン戦争に勝利したものの、戦費によってイギリス本国は深刻な財政難に陥っていた。この打開策として提案されたのが、植民地への課税による補填《ほてん》だった。一七六四年に砂糖法、一七六五年に印紙法が、立て続けに制定されたが、不服を唱えた入植民は印紙税に抗議してイギリス製品をボイコット。翌年に本国は印紙法の撤廃を余儀なくされた。しかし一七六七年、今度は紅茶・ガラス・紙などに輸入関税をかけるタウンゼンド諸法が制定され、このときも植民地側が不買運動を展開。結局、同法も一七七〇年に「茶税」のみを残して撤廃されている。このようにして本国の執拗な課税政策に対し、植民地側は抵抗を重ねた。

そして、一七七三年の茶法で植民地の怒りはピークに達する。茶法はイギリス東インド会社に「植民地における紅茶の独占販売権」を与えるものだった。つまり植民地で紅茶を購入する際は東インド会社の商品に限られるため、これでは茶税を払わなければならなくなる。同年十二月、サミュエル・アダムズ一行は、ボストン港に停泊する東インド会社の貿易船を襲い、船上の茶箱を海に投げ捨てた。この「ボストン茶会事件」を受けて本国は、ボストン港の閉鎖とマサチューセッツの自治の制限を強行した。

■アメリカ独立戦争

マサチューセッツへの高圧的な支配を重く見た植民地側は一七七四年九月、フィラデルフィアに各植民地の代表を集めて「大陸会議」を開催した。第一次大陸会議では本国政府に抗議する決議とイギリス製品の不買運動が採択された。だが、ジョージア植民地が会議に欠席したほか、本国との武力抗争を見据えた「愛国派」と、本国との争いを望まない「忠誠派」が対立するなど、植民地間で意見の食い違いも見られた。

しかし、一七七五年四月にレキシントンの戦いで独立戦争の火蓋《ひぶた》が切られると、植民地同士の結束は強まり、直後の大陸会議でジョージ・ワ

十八世紀前半～後半

国家「アメリカ」の誕生

～十三植民地がイギリスから勝ち取った自由～

Photo:Hulton Archive/Getty Images/アフロ

独立戦争への強力な導火線となったボストン茶会事件。

シントンを総司令官に据えた正規軍を設立。が当初、兵力や装備の不足から戦況は完全に劣勢だった。それでも、一七七六年一月にトマス・ペインが綴った『コモン・センス』や同年七月四日に発表された「アメリカ独立宣言」が独立を鼓舞し続けた。

戦況は一七七七年に転機を迎えた。ベンジャミン・フランクリンの働きかけでフランスがアメリカ側に参戦したほか、スペインやオランダをはじめとしたヨーロッパ諸国の援軍が加わったのだ。そして一七八一年、ヨークタウンの戦いでついにイギリス軍が降伏。一七八三年のパリ条約でイギリスは十三植民地の独立を認め、ここに国家としての「アメリカ」が誕生したのである。

サミュエル・アダムズ

ボストン茶会事件首謀者にして「アメリカ合衆国建国の父」

一七二二〜一八〇三年

それは一七七三年十二月十六日、夜のボストンで起こった。港に停泊するイギリス東インド会社の貿易船から、茶箱が次々と海に投げ捨てられたのだ。船を襲ったのは、インディアンに扮装したボストンの民衆たち。そして、彼らを扇動《せんどう》した人物こそ、このボストン茶会事件の主犯である、サミュエル・アダムズだった。

一七二二年にマサチューセッツのボストンで生まれたアダムズ。ハーバード大学では神学を専攻したが、次第に政治学に興味を持つようになり、植民地における権利とは何かを模索していったという。大学卒業後は友人らと共同で評論紙を創刊し、政治記者としてイギリス政府の批判を展開するようになった。

■ボストン茶会事件をきっかけに独立戦争へと導く

一七六〇年代に入るころには、彼のアジテーションは確実にボストンの民衆に浸透していた。しかし、一七六四年に砂糖法が制定されても、不満の声をあげようとしない民衆に疑問を感じ、マサチューセッツ議員のジェームズ・オーティスと会見。課税に反対する公的文書を作成し、議会を通じて民衆の反対運動を促した。ちなみ

に印紙法に抗議して掲げられた「代表なくして課税なし」という有名なスローガンは、オーティスが最初に発した言葉だといわれている。

イギリス本国の相次ぐ課税政策に反対を繰り返した彼は一七七三年、件《くだん》のボストン茶会事件を引き起こした。

このとき、海に捨てられた茶箱は計三百四十二箱、およそ九万ドルの損害額だったという。同事件はイギリス政府によるマサチューセッツの自治制限を招き、のちの独立戦争へと繋がる重要な契機となった。

その後、独立宣言に署名して「アメリカ合衆国建国の父」のひとりとなった彼は、一七九三年にマサチューセッツ州知事に就任。独立前後の政治に大きく貢献した。

ベンジャミン・フランクリン

一七〇六〜一七九〇年

多分野で才能を発揮した「代表的アメリカ人」

十代から印刷業に従事し、二十三歳でペンシルバニア・ガゼット紙の「印刷発行人」に。また、処世術や格言に富んだ著書『貧しいリチャードの暦』が大ベストセラーとなり、「啓蒙的な思想家」として名を馳せる。「実業家」として巡回図書館、消防組合、病院、教育機関などの公共施設を建設する一方で、避雷針を発明した「物理学者」であり、「気象学者」として雷の正体が電気であることを突き止めた。

さらには今日におけるサマータイムの「考案者」で……と、彼の偉業を挙げればきりがない。早い話、ベンジャミン・フランクリンはあらゆる分野で功績を残した「多芸なる稀代の天才」なのだ。

そして、本項でこれより触れる彼は「政治家・外交官」としての「側面」である。

■独立戦争にフランスを参戦させた敏腕外交官

一七三六年、ペンシルバニア植民地議会の書記を務めた彼は、次第に政治家として頭角を現し、同議会の代表として各地の会議に出席するようになる。優れた外交手腕を誇り、一七六六年にはイギリスに渡り印紙法の撤廃を植民地にもたらした。

一七七六年にはトマス・ジェファーソンを補佐し、第二次大陸会議で独立宣言の起草に尽力。独立戦争時には独学でおぼえたフランス語（ほかにもスペイン語とラテン語を習得）を駆使して米仏同盟（一七七八年）を結び、戦争を勝利に導く重要な責務を果たしている。

パリ条約に出席した一七八三年、すでにフランクリンの年齢は七十五歳を超えていた。それにもかかわらず、帰国後にはペンシルバニア州の最行政機関の長（のちの知事にあたる）を務めるなど、積極的に政治に関わり続けた。

しかし一七八九年、ジョージ・ワシントンの初代大統領就任による「アメリカ合衆国」の誕生を見届けると、まるで自分の役目を終えたかのように翌年四月、静かに息を引き取った。

ジョージ・ワシントン

初代大統領となった独立戦争の英雄

一七三二〜一七九九年

一七三二年、ジョージ・ワシントンはバージニアで農園を営むイギリス系移民の家に生まれた。彼は十一歳のときに父親を亡くし、長兄ローレンスとともに農園を相続している。ローレンスが相続した農園はマウント・バーノンと名付けられ、のちにワシントンは長兄の死（一七五二年）によって同農園も相続。このマウント・バーノンは彼の終生の住居として知られ、現在では「アメリカ合衆国国定歴史建造物」となっている。また、彼が有した農園は相続によるものばかりでなく、十六歳のころから測量技師として活躍し、その収入で多くの土地を購入していた。

彼に訪れた転機は一七五二年、父親のように慕っていたローレンスの死だったと考えられる。ローレンスは父の農園を営む傍らでバージニアの民兵隊長を務めていた。兄の死後、同地区の民兵は四つに分けられ、そのなかのひとつをワシントンが地区隊長として引き継いだのだ。これが、のちに独立革命軍総司令官を務めるワシントンにとって、最初に与えられた軍人としての肩書きである。

一七五四年からは中佐として植民地戦争に参加し、フランス植民地軍との戦いで数々の武勲を残したといわれている。だが、彼は一七五八年に軍隊から身を引き、

ジョージ・ワシントン

翌年に裕福な未亡人マーサと結婚。自身の大農園に加えて莫大な財産を手に入れ、アメリカ有数の資産家としてバージニア植民地議会議員に選出された。

マーサはふたりの子連れだったが、結婚後に彼女がワシントンの子を身籠《みごも》ることはなかった。これは、過去に天然痘を患った経験を持つワシントンが「無精子症」だったからという説があるが、真偽のほどは定かではない。

■圧倒的な支持を集めて初代大統領に

バージニアの名士となったワシントンは、イギリス本国の度重なる植民地課税政策に異議を唱え、次第に積極的に抗争運動に参加するようになった。こうしたなか、一七七五年四月に独立戦争の火蓋《ひぶた》が切られると、軍人経験を買われた彼は大陸軍の総司令官に任命された。

ワシントンは軍人として戦略に長けていたわけではないが、不屈の精神力で兵隊を鼓舞し、劣勢に立たされた独立戦争を勝利に導いたカリスマ的存在といえよう。

独立戦争勝利後の一七八三年十二月、ワシントンは総司令官の地位を大陸会議に返還してバージニアへと帰郷した。彼は妻とマウント・バーノンで平和に暮らすことを望んでいたのだ。

一七八七年、フィラデルフィアで開催された憲法制定会議で彼が議長に選ばれた際も、ワシントンは周囲の説得によって渋々会議に出席したのだという。しかし、彼の考えとは裏腹に、制定された憲法のもとで初の大統領選挙が開かれると、圧倒的な支持を集めて彼は初代大統領に選ばれたのだった。

ワシントンの大統領就任式は一七八九年四月三十日、ニューヨークのフェデラル・ホールで行われた。当時、大統領官邸は存在せず、一七九〇年に首都がフィラデルフィアに移った際は、友人の家を官邸として使用していたという。

アメリカ独立の象徴的存在

その後、彼はコロンビア特別区に新しい首都の建設を提案し、一八〇〇年に「ワシントンDC」が誕生することになる。だが、このときすでに二代目大統領にジョン・アダムズが就任していたため、ワシントンは同年に完成した大統領官邸「ホワイトハウス」に住まなかった唯一の大統領としても知られている。

ワシントンは、政治上で大きな才覚を発揮した人物ではない。だが、初代大統領に就任して国家建国期に民衆の心をひとつにしたシンボルであり、その功績はきわめて大きい。

ちなみにワシントンの死後、数々の伝記が出版されているが、しばしば彼の存在は神格化され、創作も多い。「桜の枝を折った話」は彼の幼少期を代表するエピソードだが、当時のアメリカ大陸には桜の木がなかったという指摘もあり、この逸話も後世に作られたものである。

トマス・ジェファーソン

アメリカの自由を訴えた「独立宣言」起草者

一七四三〜一八二六年

イギリス本国に不満を募らせ、ついに火蓋《ひぶた》が切られた独立戦争。敗戦続きで劣勢に立たされるなか、一七七六年一月に発売されたトマス・ペインの『コモン・センス』が独立心を掻き立てた。機は熟した。いまこそ大陸会議は、アメリカの「政府」として公式に独立を発表するべきではないか——。

一七七六年七月四日、イギリス領植民地から独立する理由を公に記した「独立宣言」が採択された。ジョン・アダムズ、ベンジャミン・フランクリンらそうそうたる顔ぶれによって構成された独立宣言起草委員会。その一員であり、原文の起草を手掛けた人物こそトマス・ジェファーソンである。

■文才を買われて独立宣言を起草する

バージニア西部アルブマール郡で生まれたジェファーソンは、一七六九年、二十六歳にして同郡を代表するバージニア植民地議会の代議員に選出された。一七七四年にはバージニア革命協議会の一員として『イギリス領アメリカの諸権利についての意見の要約』を執筆し、文筆家としての才能が評価されたジェファーソンは、二

トマス・ジェファーソン

年後の独立宣言起草委員に指名されることになった。独立宣言はジェファーソンが原文を記し、アダムズとフランクリンが手を加える形で完成されたのだった。

独立宣言の構成は、冒頭に基本的人権を主張する前文が据えられ、「すべての人は平等につくられ……」という名文もこの部分に記されている。今日では独立宣言の中心部分として理解されているが、その内容の多くはJ・ロックら啓蒙思想家がアメリカに持ち込んだ思想をジェファーソンが書き表したものである。この前文に続き、イギリス国王ジョージ三世がいかにして基本的人権を侵害したかという「長文の苦情」が本文となり、独立を宣言する旨を明記して締められている。

ちなみに、しばしば「アメリカ合衆国建国の父」と呼ばれる英雄が登場するが、これは独立宣言に署名した五十六名、および合衆国憲法の署名者など独立期の功労者たちの総称である。

近代民主政治の基本理念が明確化された独立宣言は世界各国に影響を与え、感銘を受けた福沢諭吉も日本語訳を出版したほか、『学問のすゝめ』の有名な一節「天は人の上に人を造らず人の下に人を造らず」も独立宣言からの引用であった。

■民主共和党から出馬し、三代目大統領となる

独立宣言採択後、バージニアに戻った彼は知事を務め、一七八四年から五年間、フランスに滞在（八五年からは駐仏大使として）。帰国後の一七九〇年に初代大統領

ワシントンのもとで国務長官に就任した。

だが、ジェファーソンは政策を巡って財務長官ハミルトンと幾度となく衝突。この対立は互いの支持者を巻き込み、やがては商工業発展の立場に立つフェデラリスト党（連邦党）と農業主義的立場に立つリパブリカン党（民主共和党）というアメリカ初の政党形成に発展していった。

一七九六年、ジェファーソンは民主共和党から二代目大統領選に立候補したが、連邦党のジョン・アダムズに敗れて副大統領となる。しかし、強力な中央政府のもとで反対派に対する弾圧的政策をとった連邦党は人気を失い、次第に州政府権利の重視や農業利益を優先した民主共和党に支持が集まっていった。こうして一八〇〇年、ジェファーソンは民主共和党初の大統領（第三代）に選ばれたのだ。

一八〇三年、彼はフランスからルイジアナを買収して西部開拓の礎を築き、ナポレオン戦争が激化した際には英仏間の争いに巻き込まれることを避けた「出国禁止法」を制定、中立国としての立場を貫いた。

大統領辞任後、バージニア信教自由法案の起草やバージニア大学設立など、故郷に尽力したジェファーソン。著書『バージニア覚え書き』では黒人差別の行く末を憂い、妻に先立たれたあとは混血女性との間に四人の子どもを残している。しかしながら、そんな彼が何故、黒人奴隷制度に対して明確な反対の立場を取らなかったのか……アメリカの人種関係を考える上で重要な示唆を与えてくれる問題である。

連合国家から「合衆国」へ
～「アメリカ国民」としての意識の高まり～

十八世紀～十九世紀

■アメリカ「合衆国」へ

「アメリカ合衆国（the United States of America）」という名称が初めて使われたのは、独立戦争時の一七七七年十一月のこと。大陸会議が採択した連合規約により、十三植民地に命名された記念すべき国号だった。

しかしながら、当時はすべての植民地が一枚岩になっていたわけではなく、先の連合規約についても、十三植民地すべての批准《ひじゅん》が得られたのは一七八一年だった。さらに、アメリカの意志決定機関は「臨時政府」である大陸会議（一七八一年以降は連合会議）に委ねられていたものの、その権限が各植民地の主権を必ずしも上回るとはいえず、「合衆国」というよりも「国家連合」と呼んだほうが相応しい状態だった。では、この国家連合を「正式な合衆国」へと昇華させたのはいったい何か。それは「アメリカ合衆国憲法の制定」と「大統領の選出」であった。

合衆国憲法は一七八七年九月、フィラデルフィア会議で憲法が採択されたのち、翌年六月に発効基準となる九植民地の批准《ひじゅん》を得て憲法成立となった。そして一七八九年三月、新しい憲法に従って「アメリカ合衆国議会」が発足し、同年四月には大統領選挙で選ばれたジョージ・ワシントンが初代大統領に就任。こうして連合会議はその役目を終え、ここに「アメリカ合衆国」が生まれたのだ。

一七九〇年、ニューヨークからフィラデルフィアに首都が移され、一八〇〇年にはワシントンDCに遷都。同地の中心部に建設された大統領官邸「ホワイトハウス」も同年十一月に竣工したのだった。

■アメリカ政府の代名詞「ホワイトハウス」

大統領官邸の代名詞として愛用されている「ホワイトハウス」。しかし、正式にそう呼ばれるようになったのは建設から百年後の一九〇一年、セオドア・ルーズベルトが公式用箋に使用してからである。

建設当初は「大統領宮殿」と呼ばれていたが、米英戦争中の一八一四年、イギリス軍によって焼き払われてしまい、復旧の際にススで汚れた外壁を白く塗ったことから「白い館」という通称が使われはじめた。

以後、幾度となく増築されたホワイトハウスは、二階建ての本館に地下や三階ができたほか、西館（一九〇二年）や東館（一九四二年）が建設され、いまや百三十を越える部屋数を誇っている。現在、アメリカ政府の中枢は「ウエストウイング」と呼ばれる西館にあり、大統領執務室をはじめ、閣議室や国家安全保障会議室、主要スタッフのオフィスなどが置かれている。ホワイトハウスは米国で最も厳重に警戒されている建物であり、本館の屋上には二十四時間体制で警察特殊部隊を配備。彼らには独自の判断で不審者を狙撃する権限が与えられているという。

かつては気軽に内部見学ができたことから、ホワイトハウスは観光名所として大いに賑わっていた。だが、二〇〇一年の同時多発テロ以降は多くの規制が敷かれ、以前に比べて緊張した雰囲気が漂っている。

■米英戦争で経済的独立を果たして孤立主義へ

さて、話が逸れてしまったので本題に戻そう。中央政府の誕生によって晴れて合衆国となったアメリカだが、まだまだ経済面でヨーロッパ諸国に依存する状態が続いていた。農産物の輸出によって外貨を集め、イギリスから輸入する工業製品が同国の発展には欠かせなかったからだ。ところが一八〇三年にナポレオン戦争が勃発した際、アメリカが中立

十八世紀～十九世紀

連合国家から「合衆国」へ

～「アメリカ国民」としての意識の高まり～

Photo:Hulton Archive/Getty Images/アフロ

アメリカがイギリスに宣戦布告して開戦した米英戦争。

の姿勢を示すと、イギリスはアメリカに対して海上封鎖による貿易規制を敷いた。輸出に頼っていたアメリカ経済は大きな打撃を受け、これが一八一二年の米英戦争の一因となった。

この戦争は三年後に停戦を迎えたが、アメリカ人の国民としての意識を高め、また産業革命への契機を与えた。

一八二三年にモンロー大統領がアメリカとヨーロッパとの相互不干渉を唱えた「モンロー主義」は、ナショナリズムの表れでもあった。この後、アメリカでは道路、運河の建設にはじまる交通革命や農業革命、産業革命が起こり、ひとつの全国市場が形成されることになる。

ジェームズ・マディソン

「米英戦争」を決意した第四代大統領

一七五一〜一八三六年

第四代大統領（一八〇九〜一八一七年）にして「アメリカ合衆国憲法の父」と呼ばれるジェームズ・マディソン。独立宣言や憲法制定に署名した人物らを「建国の父」と総称するが、「憲法の父」と呼ばれるのは独立期に尽力した多くの英雄のなかでもアレクサンダー・ハミルトンとマディソンくらいである。

■若くして大陸会議を先導する役割を担う

マディソンはバージニア西部でタバコ・プランテーションを営む家庭の長男として生まれた。

家業を継がずに勉学の道を志した彼は、一七六九年から故郷を離れてニュージャージー大学（現プリンストン大学）に通いはじめる。四年の課程を二年で卒業したといわれる秀才で、一七七六年には二十五歳の若さで州憲法制定会議に選出された。その後、州の行政参議会員を経て一七八〇年から大陸会議の代議員に抜擢されると、その手腕を存分に発揮するようになった。

当時、大陸会議では職業政治家が少なかったため、そのなかで政治に専念、かつ

ジェームズ・マディソン

精通していたマディソンは、若くして大陸会議を先導する役割を担っていた。一方、バージニア州代議員としても、トマス・ジェファーソンとともにバージニア信教自由法の制定（一七八六年）に貢献していた。

■合衆国憲法の発効に尽力する

そして一七八七年五月、合衆国憲法制定会議で連合規約の改正を目指す「バージニア・プラン」を呼び掛け、合衆国憲法の起草に乗り出すことになる。だが、起草を手掛けたハミルトンとマディソンには不安材料があった。それは、憲法を発効するために充分な植民地の賛成を得られるかどうか、である。

この打開策が『ザ・フェデラリスト』と呼ばれる合衆国憲法擁護論だった。彼らは賛成派のジョン・ジェイに協力を呼び掛け、匿名でニューヨーク新聞に合衆国憲法を擁護する論評を掲載。新聞で展開された擁護論は反響を呼び、やがて各植民地の新聞にも転載された。この結果、見事に各植民地代表の批准《ひじゅん》を得て、合衆国憲法の発効に至ったのだった。

■外国に宣戦布告した初めての大統領

憲法制定においてはハミルトンと協力したマディソンだったが、やがて政策を巡って衝突するようになる。ハミルトンの連邦党に異を唱え、ジェファーソンとともに民主共和党を先導した彼は、ジェファーソン政権時に国務長官に就任。ジェファーソンの意志を継いで、一八〇九年に第四代大統領に選出されたのである。

彼の政権中に起きた最も大きな出来事は、何といっても米英戦争（一八一二〜一八一四年）、別名「一八一二年戦争」だろう。結果的にアメリカ経済の自立を促し、また、国民意識を高めイギリスからの独立を達成したことから「第二次独立戦争」とも呼ばれている。

マディソンは外国に宣戦布告した初めての大統領であり、またイギリス軍のワシントンDC攻略作戦によって大統領府を陥落され、戦火の首都から避難した唯一の大統領である（米英戦争以降、大統領官邸は戦火に巻き込まれていない）。

ちなみに、このあともアメリカは幾度となく他国と戦争を繰り広げるわけだが、米英戦争以降にアメリカ本土が直接攻撃を受けたことはない（真珠湾攻撃のハワイを本土とみなすかは意見が分かれる）。また、この戦争時に星条旗を称えたフランシス・スコット・キーの詩『星条旗』が、のちにアメリカ国歌となったこともつけ加えておきたい。

晩年のマディソンは、ジェファーソンのバージニア大学建設に寄与し、一八三六年六月にバージニアの地で永遠の眠りについた。彼が『ザ・フェデラリスト』で説いた考えは現在でも受け継がれており、「合衆国憲法の父」は「アメリカ政治学の始祖」としても仰がれている。

ジェームズ・モンロー

「モンロー主義」を打ち出した対外政策のプロ

一七五八〜一八三一年

アメリカ対外政策の基本理念「孤立主義」の気配は、独立当初から漂っていた。ワシントン政権は欧州諸国との同盟に危機感を示しており、またジェファーソン政権はナポレオン戦争の際に中立の立場を保っていた。だが、後世に影響を及ぼすほどの確固たる意志を表明したのは、第五代大統領ジェームズ・モンローの「モンロー主義」が初めてである。

■大統領就任後も高い外交能力を発揮

「モンローは何をした人物か？」と尋ねたら、大多数の人が先述の「モンロー主義」を最初に挙げることだろう。だが、この質問に「大統領に就任する以前」という条件をつけ加えた場合、「ルイジアナ買収（一八〇三年）」を模範解答のひとつとしたい。もちろん、ルイジアナ買収はトマス・ジェファーソンの有名な政策である。

だが、ジェファーソンの命を受けたモンローが、フランス特使として買収の協定に奔走したからこそ、領土の獲得に成功したと考えていい。

バージニア州出身のモンローは、独立戦争中の一七七六年十二月、十八歳でトレ

ジェームズ・モンロー

ントンの戦いに参加。結果はワシントン率いる大陸軍の圧勝だったが、モンロー自身は肩に銃撃を受けて数少ない負傷者となった。

なお、トレントンの戦いは大陸軍にとって「数少ない圧倒的な勝利」とされ、独立戦争を象徴する代表的な絵画として描かれている。イギリス軍に奇襲をかけるべく、大陸軍がデラウェア川を渡る有名なワンシーンだ。船首に立つワシントンの背後、軍旗を持ったふたりの青年の一方がモンローだといわれている。

建国期にはバージニア州や大陸会議の要職に就き、ジェファーソン政権下ではフランスやイギリスなどとの外交要員として活躍。第四代大統領マディソンの下では国務長官に任命されている。

そして一八一七年、彼は所属する民主共和党に推されて第五代大統領に就任したのだ。モンローはジェファーソン、マディソンに続く民主共和党政権の大統領で、さらにこの三人の出身州は同じバージニアだった。このことから、彼らの政権時代が「バージニア王朝」と呼ばれることもある。

外交に長けていたモンローは、大統領としてもその能力を遺憾なく発揮した。ルイジアナ買収以降、滞っていた領土拡大を再開させたのも彼の外交力によるところが大きい。一八一八年にカナダの一部を獲得し、翌年にはフロリダ地方を購入。ヨーロッパ諸国が有する領土との明確な境界線を設け、アメリカの太平洋岸進出に向けた基盤をつくったのだ。

■モンロー主義の功罪

当時、ラテンアメリカ諸国の独立が活発化し、これにヨーロッパ諸国が干渉を試みようとしていた。他国を牽制したいイギリスは、アメリカに「二国共同の干渉反対」を呼び掛ける。しかし、モンローの国務長官ジョン・クィンシー・アダムズはイギリスとの共同ではなく、アメリカ単独で表明することを主張。モンローはこれを受け入れ、一八二三年の一般教書の中で発表した。これがモンロー主義である。

モンロー主義の内容は大きく三原則に分けられ、「欧州諸国はラテンアメリカ大陸に入植しないこと（不植民）」、「欧州諸国はラテンアメリカ諸国の内政に干渉しないこと（不干渉）」、そして「欧州諸国の紛争にアメリカが介入しないこと（孤立）」であった。ただし、当時のアメリカにこれらを強力に推進する力はなかった。それでもモンローが強気の発言に出られたのは、強い海軍力を誇るイギリスがアメリカと同様の立場を示していたからだ。イギリスの思惑を利用したモンローは、いわば「虎の威を借りて」アメリカの孤立主義を示すことに成功したのだ。

モンロー主義はアメリカの基本原則となったが、月日が経つにつれアメリカはモンロー主義を都合よく拡大解釈していく。南米の干渉権は、モンロー主義に基づきアメリカのみが保有していると主張し、南米制圧の大義名分に利用したのだ。このアメリカの姿勢は、一九〇〇年前後から南米諸国の強い反発を招くことになる。

エドガー・アラン・ポー

偏愛の詩人にして推理小説の先駆者

一八〇九〜一八四九年

小説界にミステリーという新ジャンルを打ち立てた推理小説の先駆者。国家独立を経て希望に満ちた雰囲気が国内に漂うなか、彼が生み出した小説は世相とは一線を画す怪奇的なものばかりだった。死後に高い評価を得る小説家は多いが、彼もまたそのひとりである。しかしポーは自身を小説家ではなく「詩人」と考えていた。

ポーの処女作は十八歳のときに発表した詩集『タマレーンとその他の詩』（一八二七年）であり、小説の執筆をはじめたのは二十歳を過ぎてからだった。一八三三年、短編小説『壜《びん》のなかの手記』が懸賞に当選したことを契機に、雑誌の編集に携わりながら創作活動に没頭することとなる。

ポーは父の失踪と母の死によって二歳で孤児となり、引き取られた養父母とは成人後に絶縁している。また、幼馴染みだった婚約者が別の男に奪われた経験も影響し、不安定な精神を抱えたまま酒浸りの日々を過ごす「変人」と見なされていた。

そんな彼の異常性を高めたのは一八三六年、当時十三歳だった従妹バージニアとの結婚だろう。バージニアは彼の気持ちを受け入れ、ふたりは周囲から好奇の目を向けられながらも幸せな家庭を築いていた。だが、彼女は十九歳で病床に伏せると、

一八四七年に二十四歳の若さでこの世を去ってしまった。

　妻の闘病中、ポーは恋人を失った主人公の悲哀の詩『大鴉《おおがらす》』（一八四五年）を発表している。そして同時に彼はこんな詩論を展開したという。

――美しい女性の死は世界で最も詩的なシチュエーションである。

　一八四九年十月、ポーは路上で倒れ、運ばれた病院で息を引き取った。数日後、地元新聞には彼の遺作『アナベル・リー』が掲載されていた。同作は最愛の女性アナベル・リーに先立たれた男の情愛を綴った叙情詩だった。

　アナベルの死後、男は「天使にも悪魔にも我々ふたりを引き裂くことはできない」と語り、作品の最後は男が彼女の墓に横たわるシーンで締め括られている。

「アメリカの教育制度」

◆地域によって異なる教育カリキュラム

アメリカの教育は、プロテスタント教会の設立した私立学校からはじまった。マサチューセッツに聖書朗読と教養習得を目的とするハーバード大学が第一校目として開校されたのは、同地に清教徒が上陸してからたった十六年後。つまり、合衆国国家が成立するよりもはるかに早く、教育制度は各地域で個別に形成されていったのである。

そのため、現在でも学区によって幼稚園の年長組が義務教育であったり、高校卒業資格やカリキュラムが異なったりと、全国共通の日本とはかなり違った教育制度となっている。日本における中学と高校はアメリカでは中等教育に区分され、専門性の高い大学や大学院は高等教育とされている。

入学試験は、学業成績だけで判断されることはないものの、親が自校の卒業生かどうかまでもが考慮されるなど、「階級社会」的な審査基準は賛否両論があるようだ。

■ アイヴィー・リーグ各校の設立年

ハーバード	1636
エール	1701
ペンシルバニア	1740
プリンストン	1746
コロンビア	1754
ブラウン	1764
ダートマス	1769
コーネル	1865

■ 現行の主流教育カリキュラム

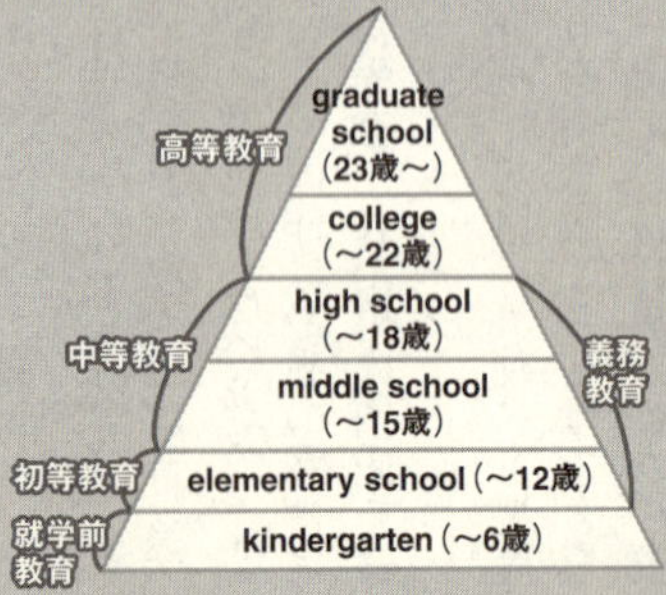

第三章 フロンティアと南北戦争

領土の拡大とフロンティア精神

～ヨーロッパの呪縛から解き放たれた精神～

十九世紀前半～後半

■領土拡大と人口増加に伴う「フロンティア」開拓の動き

一八〇三年、ジェファーソン政権によるフランス領ルイジアナ買収に端を発し、十九世紀のアメリカは積極的な領土拡大の時代を迎えていた。これは、米英戦争を経てヨーロッパ諸国との相互不干渉に踏み切ったアメリカの意識が、国内の発展に向けられたからだった。

一八一八年、イギリスからカナダの一部を購入し、一八一九年にはスペインからフロリダを購入。この時点でアメリカの領土は独立当初の二倍以上に膨れ上がり、時を同じくして人口も急増した。国勢調査局によれば、ワシントン大統領就任直後の一七九〇年は人口四百万人だったのに対し、四十年後の一八三〇年には三倍の千二百万人に達していたのだ。

政府が未開拓の土地「フロンティア」を獲得し、増え始めた国民がフ

十九世紀前半～後半

領土の拡大とフロンティア精神

～ヨーロッパの呪縛から解き放たれた精神～

ロンティアの開拓を進める——。ヨーロッパの呪縛から解き放たれた若い国家は、嬉々として成長をはじめたのである。

そもそも「フロンティア」という言葉は、ヨーロッパ諸国ではおもに「国境」として使用されている。しかしアメリカでは、「荒野に隣接する人口の少ない開拓地」や「文明社会と未開社会が接触する地域」を意味し、これを日本では「開拓前線」などと訳すことが多い。

当時のアメリカ国勢調査局は「一平方マイル当たり人口二人以下の地域」をフロンティアとして定めていたといわれているが、実際には人口三～十八人程度の地域もフロンティアと見なされたようだ。いずれにせよ、彼らは未開拓の地に足を踏み入れて度重なる困難を乗り越えることで、自由を勝ち取る精神——フロンティア・スピリット（開拓者精神）——を芽生えさせていった。この精神は今日におけるアメリカ人のアイデンティティにも大きな影響を与えている。

■インディアンを駆逐しながら西海岸に到達

開拓はおもにアメリカ東岸地域から西進する形で行われた。つまり、初期の「西部」にはケンタッキー州（バージニア州の西隣内陸部よりも東）も含まれ、いかに長期的で冒険に満ちたものだったかがうかがえる。た

Photo:Hulton Archive/Getty Images/アフロ

多くの移住者をアメリカに呼び寄せることになったゴールドラッシュ。

だし、「未開拓」とはアメリカ人の視点であり、開拓には当然のごとく「インディアンの駆逐」が含まれ、その過程には血生臭い抗争がつきまとっていた。

一八三〇年、ジャクソン政権時に「インディアン強制移住法」が可決され、ミシシッピ以東に住むアメリカ先住民ははるか西へと追いやられた。なかでもチェロキー族がオクラホマへ移る際の「涙の道」が有名で、厳しい道中に病気や飢餓で命を失ったチェロキー族は四千人以上といわれている。

こうしたなかでも領土の拡大は続き、一八三六年にアメリカ人入植者がメキシコ領テキサスを占領して独立、テキサス共和国が建国された。

領土の拡大とフロンティア精神
～ヨーロッパの呪縛から解き放たれた精神～

のちにアメリカはテキサスを併合（一八四五年）し、イギリスとの協定によってオレゴン・カントリーを獲得（一八四六年）。テキサス併合は、一八四六年、メキシコ戦争を引き起こし、この戦争の勝利によってカリフォルニアやメキシコ北部を獲得（一八四八年）したアメリカは、十九世紀中期までに太平洋岸まで達する現在の領土を手に入れた。

また、一八四八年にカリフォルニアで発見された金鉱は、さらなる移住者を呼び寄せる追い風となった。いわゆる「ゴールドラッシュ」である。

一攫千金を夢見る人々のなかには中国人の姿も多く見られ、一八六〇年までに八万人のアジア人がアメリカ大陸に移り住んだという。

さて、アジアといえば我らが日本だが、ちょうどこの時期、まさに歴史的な変革期を迎えていた。一八五三年、神奈川県の浦賀に突如として現れた四隻の軍艦……そう、ペリーによる「黒船来航」であった。

領土の拡大とともに東アジア諸国との接触をはかり、まさに大国に向かって一歩ずつ突き進もうとしていたアメリカ。しかし、ここで彼らのフロンティア開拓は一時中断することになる。植民地時代から黙認し続けた国内最大の問題、黒人奴隷制度を引き金とした内乱「南北戦争」が勃発したのである。

アンドリュー・ジャクソン

政治改革を推し進めた米英戦争の英雄

一七六七～一八四五年

一七六七年、南部のサウスカロライナ州に生まれたアンドリュー・ジャクソン。十二歳のときに独立戦争に参加し、負傷して捕虜になりながらも一命をとりとめている。この戦争によって一家全員を失い孤児となった彼は、働きながら法律を学んだ。テネシー州に移住し、開拓地でさまざまな仕事を経験した後、弁護士として次第に頭角を現していく。一七九六年に同州初の下院議員に選出され、上院議員を経て二年後には同州の最高裁判事を務めるようになった。

この間、ジャクソンは裕福な土地投機業者の娘と結婚している。政治家と農園経営を兼業したほか、土地投機にも乗り出していたという。

■米英戦争の英雄から大統領へ

大統領としてのジャクソンは政治改革を進めたことで知られるが、彼が最初に民衆から支持を獲得したのは戦争であった。

一八一二年に米英戦争が開戦すると、彼は即座に出陣してインディアンのクリーク族を駆逐。制圧地を奴隷制農園として開放している。また、終戦直後の一八一五

アンドリュー・ジャクソン

年に起きたニューオーリンズの戦い（終戦の連絡が遅れたことにより、一部では戦争が続いた）でイギリス軍を破り、この勝利で彼は国民的英雄となったのだ。

民衆の支持を得たジャクソンは、一八二四年にペンシルバニア州の民主共和党に推されて大統領選挙に出馬。最多得票を集めながらも過半数に届かず、もつれ込んだ最終選挙でジョン・Q・アダムズに惜敗している。

この選挙の際に、アダムズを支持したヘンリー・クレイが裏で暗躍したといわれ、ジャクソンはふたりを強く非難している。

そして、一八二八年の大統領選ではアダムズの二選を阻止し、晴れてジャクソンは第七代大統領に就任したのだ。

アダムズもジャクソンも与党である民主共和党に所属していたが、このころから最大政党にありがちな派閥争いが勃発し、内部分裂がはじまっていた。のちにアダムズの派閥は国民共和党として離党し、ジャクソンは大統領就任とともに民主共和党を民主党に改名している。

■賛否両論のジャクソニアン・デモクラシー

ジャクソンが推進した政治改革は、その政策や民衆運動が盛んだった時代背景から「ジャクソニアン・デモクラシー」と呼ばれている。だが、彼の信条は現代の民主主義とは大きく異なる。

たしかに彼は多数決原理に基づき、公職の定期的交替制を断行している（与党の支持者を優先的に採用したために「猟官制度」と呼ばれた）。また、アダムズやクレイが提唱した中央集権国家に強く反対し、州政府の権限を死守しようと働きかけた。合衆国中央銀行である第二合衆国銀行の特許更新法案に対しては、東部特権階級のシンボルとしてこれを敵視する農民や新興企業家の声を代弁し、拒否権を発動（一八三二年）、民衆からは賞賛の声が寄せられた。

しかしながら典型的な南部出身者だった彼は、「奴隷は私有財産である」とし、奴隷制廃止運動に反対していた。さらに白人主体の国家づくりを掲げてインディアン強制移住法（一八三〇年）を提案し、議会で論争を巻き起こした挙げ句、僅差で承認を勝ち取った。

しかし、奴隷制擁護の急先鋒に立つサウスカロライナ州が、一八三二年、州権の立場から連邦関税法の無効を宣言し、連邦からの離脱の構えをほのめかした際には、連邦議会が制定した関税法を強制執行するために武力行使することを議会に決めさせた。

敵対政党との対立を繰り返しながら、大統領としての権力をふるった彼は、君主国家になぞらえて「アンドリュー王一世」と揶揄《やゆ》されることもあった。だが、奴隷問題による南北分裂を早くから予見し、事前に防ごうと奔走していた点は評価されてしかるべきだろう。

初めてケンタッキーに移住した西部開拓者

ダニエル・ブーン

一七三四〜一八二〇年

フロンティアの開拓が活発化したのは十九世紀である。しかし、これ以前にも当然ながら入植民による開拓は行われており、ケンタッキーを探検したダニエル・ブーンもまた、そんな初期の西部開拓者のひとりだった。

ペンシルバニアで生まれたブーンは、広大な辺境の地で狩猟に励みながら育った。一七五〇年にノースカロライナに移住し、のちにフレンチ・インディアン戦争に参加。狩猟で培った射撃術を武器にイギリス軍に加わったが、戦いに敗れて命からがら逃げ帰ったそうだ。

一七五六年、近所のレベッカと結婚して父の農地を譲り受けたが、ブーンの興味はもっぱら狩猟と冒険に注がれていた。友人を引き連れて僻地《へきち》に入り、長期に渡って帰らないこともあったという。彼がケンタッキーに赴いたのも狩猟目的だった。一七六九年に仲間とともに出発すると、仲間が帰ったあともひとりで残り、一七七一年までケンタッキーで生活。その後、家族を含む集団での移住を試みたが、インディアンに襲われてブーンの息子と友人が命を落としている。

愛息の死に深い悲しみを受けたブーンだったが、それでも彼のフロンティア・ス

ピリットが消えることはなかった。一七七五年、仲間を連れて再度ケンタッキーに入ると、インディアンの襲撃をかわしながら「ブーンズボロ」の町を建設。

ブーン一家はケンタッキーに移住した初めての家族となり、彼が切り拓いた、カンバーランド峠を通りアパラチア山脈を越える道は入植のための唯一のルート「ウィルダネス・ロード（荒野の道）」となった。

その後、度重なるインディアンの襲撃から町を守り続けたブーンは、バージニア議員に選出されて地元の名士となる。

晩年は息子が住むミズーリ州で狩猟を楽しみながら過ごし、アメリカの領土拡大政策が進みはじめた一八二〇年、八十六年間という長い人生の冒険に幕を下ろしたのだった。

ジェームズ・マーシャル

「ゴールドラッシュ」の契機をつくった悲劇の砂金発見者

一八一〇～一八八五年

一八四八年一月、カリフォルニア・アメリカン川の沿岸部コロマ。大工ジェームズ・マーシャルは水車の下に輝く金色の砂に気がついた。農場主ジョン・サッターに報告して調べた結果、それはきわめて純度の高い砂金だった——。

当初、サッターはこの大発見を隠そうと企んでいたという。しかし、噂を嗅ぎつけた新聞記者がサンフランシスコで大々的に報じ、アメリカはおろか諸外国から十万人以上の人々が押し寄せたのだ。

この「ゴールドラッシュ」により、予想外の被害を受けたのがマーシャルだった。一攫千金を夢見る移住者によって彼はコロマから追い出され、戻ることができたのは九年後だったという。彼が再びコロマの地に足を踏み入れたとき、すでに金脈は底を突いていた。それでも幻の金を追い求めたマーシャルは、私財を投げ打って採鉱を続けた結果、破産という結末を迎えている。

また、コロマの地を所有していたサッターもゴールドラッシュの被害者である。農場を荒らされて移住を余儀なくされたあと、破壊された財産や金の所有権を主張して訴訟を起こしている。全面勝訴となったにもかかわらず、暴徒化した住民に全

財産を強奪されたばかりか、家族三人が惨殺されてしまった。
のちにマーシャルとサッターはカリフォルニア政府から年金という形で恩情を受けることになるが、まさか金の発見者と土地の所有者が揃ってゴールドラッシュに参加できなかったとは、何とも皮肉な話である。
ゴールドラッシュはカリフォルニアだけでなく、ネバダやコロラドなど西部各地で起こり、その度に人々が殺到した。ブーム収束後、そのまま同地に住み着いた者も多く、結果的に彼らは西部の開拓と発展に大きく貢献したのだ。
ちなみに金鉱の採掘時に丈夫な衣服が求められ、リーバイ・ストラウス（リーバイズ創始者）がジーンズを考案したエピソードもよく知られている。

デイビー・クロケット

「政治家から開拓者に」――テキサスに散ったヒーロー

一七八六～一八三六年

一八三六年二月、メキシコ領テキサスのアラモ砦に百八十七人のアメリカ義勇軍が立て籠もっていた。砦を包囲するのは約三千人のメキシコ軍。結果は火を見るよりも明らかだった。アメリカ義勇軍の司令官ヒューストンは再三に渡ってアラモからの撤退を勧告したが、現地のトラビス隊長はこれを頑《かたく》なに拒否し続けた。

――降伏もしないし退去もしない。あるのは「勝利か死のみ」だ。

同年三月六日、十三日間の激闘は終わりを告げ、義勇兵デイビー・クロケットは戦死による最期を迎えた。小説や映画などで幾度となく作品化され、いまなお語り継がれる「アラモの戦い」。中心人物のひとりであるデイビーは、この一年前まで戦争とは縁のない有能な政治家だった。

開拓前線のテネシー東部に生まれたデイビーは、幼少時代から家族とともに少しずつ西部へと移住を繰り返す生活を送っていた。幼いころから自立心が強くリーダーシップに長けており、成人後はテネシー州議員を経て合衆国下院議員に選出される。しかし一八三〇年、ジャクソン大統領がインディアン強制移住法を制定すると、彼はジャクソンと同じ民主党員にもかかわらず、この法案に猛反対した。党内で浮

いた存在となったデイビーは、その後の選挙で苦戦を強いられるようになり、二度目の落選が決まった一八三五年に政界から去る決意を固めた。

その後、彼は第二の人生を過ごすべくテキサスへ向かった。当時、テキサスはアメリカ人による独立運動が活発化し、メキシコ政府と衝突を繰り返す不安定な情勢にあった。そんな状況下の一八三六年二月、独立革命軍に正式加入したばかりの彼は、アラモ防衛のためにトラビス率いる守備隊に従軍したのである。

アラモの戦いは「Remember the Alamo!（アラモを忘れるな！）」のスローガンを生み出し、独立達成に向けて強い結束力をもたらした。アラモに散った義勇軍はテキサスの歴史に欠かせない英雄となった。

マシュー・ペリー

日本を開国させた蒸気船海軍の父

一七九四〜一八五八年

日本史の教科書において、最初に登場するアメリカ人の名前はおそらく「ペリー」ではないだろうか。二百年以上も鎖国を続けていた日本を開国させ、条約を締結させたマシュー・ペリーは、日本人にとって「最も有名なアメリカ人のひとり」といっても過言ではない。

■海軍の重要性を訴える

ペリーが生まれた地は、ナラガンセット湾に面したアメリカ北東部ロードアイランド州だった。アメリカ海軍私掠《しりゃく》船長の父を持ち、海軍一家の三男として当たり前のように海軍に入隊（一八〇九年）した彼は、「エリー湖の英雄」兄オリバーの指揮下に入り米英戦争に参加している。

その後、海賊鎮圧のためにアフリカや西インド諸島、地中海方面の警備に従事し、一八三三年にブルックリン海軍工廠《こうしょう》の造船所長に就任。海洋国家として海軍の必要性を唱え、海軍教育の改革に尽力した彼は一八三七年、アメリカ初の蒸気軍艦フルトン二世号の艦長となった。またメキシコ戦争（一八四六〜四八年）ではメキシコ

マシュー・ペリー

湾艦隊副司令長官として指揮をとり、一連の功績が称えられたペリーは、のちに「蒸気船海軍の父」と呼ばれている。

■日本と「平和的かつ強硬的」に条約交渉せよ

メキシコ戦争によって自国の海軍力に自信を持ったアメリカは、領土拡大政策と並行して東アジアへの進出を開始した。当時、欧州諸国の入植はインドを越えて東南アジアにまで及んでおり、アメリカとしては何としてでもヨーロッパ諸国より早く東アジアの足掛かりを構築したいと考えていた。そこで、この重要な外交政策の担当者として白羽の矢が立てられたのがペリーだったのだ。

――日本に対し「平和的かつ強硬的」に条約交渉せよ。

かくして一八五二年三月、東インド艦隊司令長官に就任したペリーは日本遠征を命じられた。同年十一月、フィルモア大統領の親書を携えた彼は旗艦ミシシッピ号に乗り込み、三隻の軍艦を率いて出航している。

そしてアフリカ大陸ケープタウン経由で東進したペリー一行は、シンガポールや香港、琉球、小笠原諸島を経て翌年七月に浦賀沖へと辿り着いたのだ。

■日本を開国させることに成功したのはなぜか

十九世紀に入ってからというもの、日本は諸外国から幾度となく開国を迫られていた。実はアメリカの来航もペリーが初めてではなく、一九四六年に前任の東インド艦隊司令官が日本を訪れている。それではなぜ、他国の説得を無視し続けた日本がペリーの説得に応じたかというと、それはヨーロッパとの戦争に敗北した清《しん》国を目の当たりにしたことだった。

最も身近な大国・清がアヘン戦争（一八四〇〜四二年）でイギリスに完敗したことは、日本に大きな衝撃を与えた。しかし、ヨーロッパの軍事力を認めることにはなったが、これまでに来日した外来船がすべて帆船だったため、日本は差し迫った危機感を抱くことがなかったのである。

ところが、ペリーは巨大な軍艦で来航した上に、軍事攻撃を示唆しながら開国を迫ったのだ。実際のところ、日本に砲撃することは政府から禁止されていたのだが、この無言の威嚇《いかく》こそが、アメリカ政府のいわんとする「平和的かつ強硬的」な外交であり、早い話が「砲艦外交」だった。

親書を渡してペリーが一旦帰国すると、日本は蜂の巣をつついたような騒ぎになった。そして民衆にまで意見を求めた幕府は、ついに「覚悟」を決めたのだ。

こうして一八五四年二月、返答を求めて再び来日したペリーは、同年三月に日米和親条約の締結に成功したのである。

また帰国の際、琉球王国（沖縄）に寄ったペリー一行は、ここでも外交を迫った末に琉米修好条約（一八五四年七月）を取り付けている。

南北戦争
～国内を二分したアメリカ最大の内紛劇～

十九世紀前半～後半

■対照的な道を歩んだ北部と南部

南北戦争勃発の最大の原因は、奴隷制を巡る北部と南部の対立である。文化や思想の形成は各地域の歴史や気候、産業に影響されやすく、小さな島国・日本ですら「県民性」という言葉が存在する。日本とアメリカの有史に千年以上の差があるとはいえ、広大な北米大陸に入植して二世紀も経過すれば、地域ごとに独自の発展を遂げても不思議ではない。

十九世紀に入ると、北部ではニューイングランド地方の都市部を中心に産業革命が進み、資本主義の基盤が着々と築かれていた。もともと大規模な農園が少なく奴隷の需要が少なかった北部では、自由労働が主流となり、やがて奴隷制の廃止へと繋がっていった。かたや亜熱帯地域の南部では、一貫してプランテーションが産業の中心を担っていた。とく

十九世紀前半～後半

南北戦争

～国内を二分したアメリカ最大の内紛劇～

Photo:Mary Evans Picture Library/アフロ

南北戦争の命運を分けた「ゲティスバーグの戦い」。

に一七九三年、イーライ・ホイットニーが発明した「綿繰り機」が普及すると綿花の生産量が急増。一九四〇年には全米輸出金額の五割を稼ぐ綿花の一大産地となり、労働力たる黒人は欠かせない「道具」だった。

こうして対照的な道を歩んだ両地域は、次第に奴隷の在り方について衝突を繰り返すようになった。

南北の対立が表面化したのは、十九世紀前半の領土拡大の過程だった。新たな領土を獲得する度に、北部では奴隷制に反対する「自由州」に引き入れようと働きかけ、南部では奴隷制を採用する「奴隷州」として迎え入れる声が高まった。

連邦会議での対立のはじまりは、一八二〇年、ミズーリの準州から州への昇格に関して起こった。奴隷制を巡る論争の末、同州を除く獲得領土に北緯三六度三〇分の境界線を設置。以北の奴隷制を禁止し、以南の地域で奴隷制を容認したのである（ミズーリ協定）。この境界線は事態の沈静を狙った妥協案だった。しかし、対立関係は激化することになる。

その後、北部では奴隷解放運動が活発化し、一八三三年にはアメリカ奴隷制反対協会が設立され、フレデリック・ダグラスら黒人指導者も現れた。南部では、一八三一年にバージニアでナット・ターナーによる奴隷制反対を訴える大規模な奴隷の暴動が起こった。

一八五四年、カンザスとネブラスカのふたつの準州が承認された際、奴隷制の可否を住民投票で決める法案が定められた。両地域は南北の境界線よりも北部に位置し、本来ならば自由州となるはずだった。だが、このカンザス・ネブラスカ法案に伴いミズーリ協定は適用されず、南北間の対立はさらに激化。同法を提案した民主党内でも混乱が生じたほか、同党に抵抗する形で共和党が結成された。これが今日の共和党である。

一八六〇年、民主党を破って第十三代大統領に当選したのは、奴隷制の北部への拡大に反する共和党のエイブラハム・リンカーンだった。しかし、彼の大統領就任を待たずして北部の政党の大統領選出に対する南部の不満が爆発。同年十二月にサウスカロライナ州が合衆国からの離脱

南北戦争
～国内を二分したアメリカ最大の内紛劇～

を発表すると、ほかの南部諸州も次々と離脱を表明した。一八六一年二月、離脱した州による「アメリカ連合国」が結成され、同年四月に連合国軍（南軍）が合衆国のサムター要塞を襲撃。ここにアメリカを二分した南北戦争が開戦した。

南北戦争は北軍二十三州と南軍十一州の戦いだった（奴隷州でも合衆国から脱退していない州は北軍に加わっている）。工業化が進み、軍事物資、鉄道による輸送、また兵隊の数でも優位に立った北軍だが、南部には優れた指揮官が多く、予想以上の長期戦となった。戦況に変化が起きたのは一八六三年、リンカーンの「奴隷解放宣言」によって南部奴隷の支持と自軍の志気が高まったこともあり、激闘の末に南軍を破った「ゲティスバーグの戦い」だった。以降、勢力を失いはじめた南軍は一八六四年四月、南部の首都リッチモンドを制圧され、翌年四月、南軍のリー将軍が北軍に降伏し、戦争は終結した。北軍の勝利は、南部の独立を阻止して再び合衆国に統一をもたらした。

南北戦争後、南部の黒人奴隷が解放され、憲法修正十三条により奴隷制は終焉を迎えた。しかし、黒人に対する差別意識が消えたわけではなく、リンカーン暗殺（一八六五年）やＫＫＫの結成などトラブルが続出。その後もアメリカの歴史に暗い影を落とす黒人差別は続いたのである。

エイブラハム・リンカーン

国家分断の危機と黒人奴隷を救った偉大なる大統領

一八〇九～一八六五年

エイブラハム・リンカーンはケンタッキー州の平凡な農家に生まれ育った。

青年時代の彼は雑貨商の店員や郵便局長、測量技師の助手など転職を繰り返し、一九三センチという長身（歴代で最も背の高い大統領）を生かしてレスリングの賞金試合に出場したこともあったという。

そんな彼が政治と関わりを持ったのは一八三二年のことだった。連邦陸軍に入隊後、州議会に出馬して落選したが、二年後にイリノイ州の下院議員に選出された。この間に独学で弁護士資格を取得して法律事務所を開業すると、いつしか彼の主張や弁論に注目が集まり、政治家として頭角を現しはじめた。

一八五八年のイリノイ州共和党大会で、自由州と奴隷州が共存することの難しさを説いた彼は、その後も北部民主党のスティーブン・ダグラスらと奴隷制を巡る激論を展開。奴隷制に対する持論を確立し、一目置かれる存在となった。

リンカーンの基本姿勢は、「奴隷制には反対だが南部への過剰な干渉は当面見送るべき」という穏健思想だった。そして南北対立が表面化した一八六〇年十一月、争いの回避を望む自由州穏健派の支持を得て、彼は大統領に選ばれた。

エイブラハム・リンカーン

しかし南部の反応は芳しくなく、当選を受けて南部サウスカロライナ州が合衆国からの離脱を表明。その後も南部では脱退が相次ぎ、ついにジェファーソン・デイビスを大統領とした「アメリカ連合国」が設立されたのである。

北部では南部諸州による「リンカーン暗殺計画」が連日のように囁かれ、就任式を控えたリンカーン政権にはものものしい雰囲気が漂っていた。彼にのし掛かった重圧は相当だったようで、就任前と南北戦争時の彼の写真を見比べると、わずか数年足らずで別人のように老け込んでしまったことが確認できる。

南北分裂を憂慮したリンカーンは、就任の際に奴隷制を改革するつもりはない旨を告げている。しかし、この直後に連合国の攻撃を受けて南北戦争が勃発すると、彼は戦いながら慎重に奴隷制の行く末を模索しはじめた。

こうした状況で迎えた一八六三年、リンカーンは「奴隷解放宣言」を発表した。同宣言が南北戦争に果たした役割はきわめて大きかった。というのも、そもそも南北戦争は、合衆国から脱退した南軍と脱退を阻止する北軍という構図で繰り広げられていたが、リンカーンの奴隷制に対する立場は明確にされていなかったのである。だが、奴隷解放宣言により「連合国の奴隷は解放の対象となる」ことが発表されたため南北戦争は「奴隷解放を勝ち取るための正義の戦い」へと昇華したのである。大義名分を手にした北軍には強い団結力が生まれ、また連合国から協力を打診されていたヨーロッパ諸国も合衆国に賛同する立場を示すようになった。また西部から黒人兵士の参加も促すことになった。しかし、「奴隷解放宣言」は反乱州、つまり南部諸州の奴隷に適用されただけで、連邦内に留まった奴隷州の奴隷は解放されなかった。これは、リンカーンが、連邦からのさらなる奴隷州の離脱をおそれたためである。全面的な奴隷解放は、一八六五年に成立した憲法修正十三条を待たなければならない。

奴隷解放宣言から七ヶ月後の一八六三年十一月、激戦を終えたゲティスバーグでの演説において、リンカーンはあの名文句を読み上げた。

――人民の、人民による、人民のための政治。

アメリカで最も敬愛される大統領のひとり

二選目を果たした直後の一八六五年四月、南北戦争の終結を見届けたリンカーンは、数日後に訪れたフォード劇場で俳優ジョン・ウィルクス・ブースに狙撃されてこの世を去った。「事実は小説よりも奇なり」という言葉があるが、観劇中の凶弾に倒れ、落命した彼の最期は、まさにどの物語よりも劇的な幕引きだったのではないだろうか。

そして死してなお、リンカーンの意志は朽ちることなく引き継がれた。今日でも「アメリカで最も敬愛される大統領のひとり」として紹介される事実が、何よりも彼の功績の大きさを証明している。

ハリエット・タブマン

三百人以上の奴隷を逃亡させた敏腕の黒人活動家

一八二二〜一九一三年

奴隷制時代後期、南部の黒人奴隷は自由を求めて北部への逃亡を画策するようになっていた。

この際、最も安全な逃亡方法は「地下鉄道」を利用することだった。「仲介人」の援助を得て「鉄道関係者」に接触し、「車掌」の誘導によって「貨物」を「停車駅」を経由して運べばいいのだから——。

さて、お気づきの方も多いだろうが、これらの鉄道用語は黒人の逃亡を手助けするための隠語である。奴隷を安全なルートで運ぶ役目が「車掌」で、彼らの身をかくまう隠れ家は「停車駅」というわけだ。ハリエット・タブマンは、北部の奴隷制廃止論者によって結成された秘密組織「地下鉄道」の「女性総司令官」であり、実に三百人以上の奴隷を逃亡させた敏腕の黒人活動家であった。

■スパイとして南部に潜入し、奴隷三百人以上を解放する

もともとタブマン自身もメリーランド州の奴隷で、何度も逃亡を試みた末に二十九歳で自由黒人となっている。

その後、自分のような奴隷を救いたいと考え、彼女は地下鉄道の車掌として活動を開始した。危険な南部に幾度となく潜入し、ことごとく任務を成功させたというタブマン。当時、南部の白人が彼女の首に「四万ドル」の賞金を懸けたといわれ、いかに彼女が優秀な「運行技術」を持っていたかがうかがい知れる。

また、南北戦争時代には北軍に協力し、スパイとして南部に潜入。ここではサウスカロライナ州の奴隷解放に成功している。

終戦後は自身の伝記を発売し、その売上や「南北戦争の軍事的奉仕」によって受給した年金を合わせてニューヨークに家を購入。身寄りのない高齢者や戦争遺族を招き入れ、黒人の生活支援に尽力したのだ。

万人の平等を訴えた演説の獅子

フレデリック・ダグラス

一八一七〜一八九五年

奴隷解放運動に従事したフレデリック・ダグラス。十九世紀を代表する黒人指導者で、数々の名文句を残した演説家としても知られている。

前項のハリエット・タブマンとは同世代で、ダグラスも「地下鉄道」の一員として奴隷の逃亡に助力した経験を持っている。しかし、歴史上で知られる彼は解放運動を象徴する「表の功労者」であり、対するタブマンを「裏の功労者」と捉えると、両者の立ち位置が理解しやすいかもしれない。

■北部初の黒人連隊を編制する

奴隷の子どもとしてメリーランド州に生まれた彼は、二十一歳のときに自由州への逃亡に成功。北部では奴隷解放運動に情熱を注ぎ、二十三歳にしてアメリカ各地を遊説している。ダグラスが信条とする平等論は、人種差別のみならず男尊女卑にも及んだ。そのため時を同じくして活発化していた女性参政権運動にも賛成の立場を示し、一八四八年にニューヨーク州セネカフォールズで初めて開催された女性の権利集会では、男女平等について雄弁を振るったそうだ。

ダグラスは奴隷解放を促す新聞『北極星』を創刊したほか、南北戦争時には黒人の募兵活動に尽力。黒人みずからが立ち上がって戦うことの重要性を力説し、北部で最初の黒人連隊「マサチューセッツ第五四部隊」を編制している。南北戦争終了後も黒人のための生活改善を提唱したダグラスは、次第にアメリカ政府の信頼を得るようになった。一八七二年、サント・ドミンゴ大使館の書記官に選ばれ、翌年ヴィクトリア・ウッドハルが女性として初めて大統領に立候補したときには、ダグラスを副大統領に指名している。ほかにも首都ワシントンの連邦執行官（一八七七年）やハイチ駐在アメリカ公使（一八八九年）を務めるなど、その活躍はまさしく人種の壁を打ち破るものであった。

アメリカ農業機械界三大発明のひとつ「綿繰り機」の発明者

イーライ・ホイットニー

一七六五〜一八二五年

一七九三年にイーライ・ホイットニーが発明した「綿繰り機」。従来の五十倍以上という作業効率を実現したこの機械は、C・マコーミックの刈取機（一八三四年）、J・ディアの鋼鉄製プラウ（一八四〇年前後）とともに「アメリカ農業機械界の三大発明」と呼ばれる大発明である。

ホイットニーが生まれたのはマサチューセッツ州の農園だった。幼少のころから手先が器用で、父の農場で釘などの小物を製造していたという。だが、家業を継ぐことに疑問を感じた彼は、学校教育に可能性を見出して一念発起。十八歳のときに大学進学を決意し、二十七歳でコネチカット州イェール大学を卒業している。

その後、教師を目指したホイットニーだったが、就職先が見つからずに断念。結局、就職活動の道程で知り合った未亡人に招かれ、ジョージア州の農場に腰を落ち着けることになった。

ここで木綿栽培に触れた彼は、綿花と種を仕分ける作業に従事しながら、より効率的な方法を模索していた。そして試行錯誤の末、針を仕込んだふたつのローラーの間に綿花を挟んで仕分ける「綿繰り機」を発明したのである。

発明から一年後の一七九四年、ホイットニーは綿繰り機の特許を取得したが、すでに南部では発明品の模倣機が出回っており、財産を築くには至らなかったという。しかし、新たな発明に着手した彼は政府と交渉し、マスケット銃を二年間で一万丁つくるという契約を交わしていた。従来の銃は一丁ずつ職人が手作りしていたのだが、彼は製作工具を使用して銃の部品を統一。ここでも作業効率の向上をはかったのだ。

ただし、部品に互換性を持たせる方法はすでに欧州で採用されていたため、これは彼の発明ではないとされている。

とはいえ彼の互換性部品生産方式は、のちにあらゆる分野の大量生産に受け継がれることとなり、アメリカの産業革命に一役買った点は間違いない。

ハリエット・ビーチャー・ストー

十九世紀、世界で聖書の次に最も多く読まれた小説の著者

一八一一〜一八九六年

「あなたが、この大きな戦争を引き起こした小さなご婦人ですね」

南北戦争中の一八六二年、ハリエット・ビーチャー・ストーに会ったリンカーン大統領は、このような挨拶で彼女を出迎えたという。

もちろん、彼が本気でストー夫人を戦争の原因と考えていたわけではない。ただ、一八五二年に彼女が出版した『アンクル・トムの小屋』は、それだけ当時のアメリカ奴隷社会に強い衝撃を与えた小説だった。それも、かのリンカーンをして皮肉を言わしめるほどに……。

■彼女の存命中に世界で三百万部発行された『アンクル・トムの小屋』

北部オハイオ州の学校で教鞭をとる傍ら、作家としても活動していたストー夫人。同地域が奴隷州と隣接していることや、彼女の一家が早くから奴隷制に反対していたこともあり、幼いころから奴隷制を疑問視していた。

その彼女が奴隷制に対して明確な反対を示したきっかけは、一八五〇年の「逃亡奴隷法」成立である。同法は逃亡奴隷を探し出して所有者に引き渡すことを義務づ

けたもので、この理不尽な法律制定に強い不快感を示したという。
そこで彼女は、奴隷制の悲劇を自身の筆で訴えることを決意。一八五一年、奴隷制廃止を唱える団体の機関紙で『アンクル・トムの小屋』の連載を開始し、たちまち大きな反響を呼んだのだ。
南部の黒人奴隷アンクル・トムの不幸な生涯を描いた同作は、単行本発売から一年間で国内三十二万部を突破するベストセラーとなった。
同作が北部で奴隷解放の世論を強めた一方、南部では痛烈な批判を浴び、結果的に南北対立を激化させることになった。しかし、彼女は混乱を招くために執筆したのではない。混乱や争いの先に存在するであろう、誰もが平等に暮らせる幸福な世界の実現を祈っていたのだ。

スーザン・アンソニー

一八二〇～一九〇六年

女性で初めて肖像が硬貨に刻まれた女性参政権運動の母

マサチューセッツ州に生まれ、勤勉なクェーカー教徒の父に教育されたスーザンは、一八五〇年代から奴隷解放運動に参加するようになった。すべての人に平等の権利を与えるべきだとニューヨークの街頭で演説を繰り返し、とくに女性参政権の獲得に対しては並々ならぬ情熱を注いでいた。

一八七二年の大統領選挙で、選挙権のない彼女は投票を強行して逮捕されたが、裁判所から下された罰金刑を断固として拒否している。彼女の弁護士も「裁かれるべきは彼女ではなくアメリカ政府である」と彼女の主張を擁護したという。アメリカに女性参政権が導入されたのは一九二〇年。すでに彼女は亡くなっていたが、女性運動家の先駆者として後世に与えた影響はきわめて大きい。

一九七九年、アメリカ造幣局はアンソニーの功績を称え、彼女の肖像を刻んだ一ドル硬貨「アンソニー・ダラー（通称スージー）」を鋳造《ちゅうぞう》した。一般流通するアメリカ貨幣に女性の肖像が使用されたのは、初めてである。

上部に「LIBERTY（自由）」の文字が刻印された銀色の一ドル硬貨。自由の下に佇《たたず》むアンソニーの横顔は、厳しくもどこか誇らしげだった。

「女性による独立革命」のリーダー
エリザベス・ケイディ・スタントン

一八一五〜一九〇二年

判事の父を持つエリザベス・ケイディ・スタントンは、父の事務所で法律を学びながら性差別の多いアメリカ社会に関心を抱いた。

奴隷制反対派の弁護士と結婚した彼女は、一八四〇年にロンドンで開催された世界奴隷制反対会議に夫と出席。しかし、この会議で女性の発言が認められないことに憤慨し、女性の地位向上を目指して積極的に活動を行うようになった。

一八四八年、ニューヨーク州セネカフォールズで女性の権利集会を主催したスタントンは、課税の義務を持つ独身女性に参政権がないことは独立期のテーマである「代表なくして課税なし」の精神に反すると主張した。さらに一八五一年の権利集会では女性活動家スーザン・アンソニーと出会い意気投合。以後、ふたりは生涯の同志として知られ、女権拡張運動を先導する中心グループを築いたのだ。

結局、彼女の存命中に国政選挙の女性参政権が認められることはなかった。だが、十九世紀後半には西部の州議会を中心に女性参政権が容認されはじめた。これがスタントンら女性活動家の努力の賜物であることはいうまでもない。そして各州で生まれた「小さな世論」が、のちに中央政府を動かしたのである。

「ＫＫＫの歴史」

◆白人至上主義を唱える過激派集団

クー・クラックス・クラン（以下ＫＫＫ）は黒人の権利拡大を防止する目的で、十九世紀の南北戦争直後に結成された。白人で構成されたこの秘密結社は全員が白装束とマスクで身を包み、目的のためならリンチをもいとわないゲリラ集団として当時の政府からも恐れられた。

一八七〇年代には厳しい取り締まりにより一度消滅するものの、一九一五年にジョージア州で復活。この再結成の裏には、第一次世界大戦の勃発により高まったアメリカ国民の愛国主義が、他民族の排撃へ結びつくという経緯があった。

その後、アメリカ全土に拡大した組織の会員数は四百五十万人に達し、差別対象も黒人のみからカトリック教徒を含めた非ＷＡＳＰ（ホワイト・アングロサクソン・プロテスタント）へと広がっていった。

しかし二〇年代後半になると、目に余るテロ行為や暴行事件などが次第に表面化しはじめ、再び会員数は激減。かつての影響力は失っているが、五〇年代、六〇年代の公民権運動では運動の復活が伝えられ、この秘密結社の解散は今なお果たされていない。

Photo:KEYSTONE-FRANCE/Eyedea Presse/アフロ

第四章
アメリカ帝国の誕生

西部開拓時代

～インディアン戦争とフロンティア開拓の終焉～

十九世紀後半

■南北戦争終了後も改善しない黒人奴隷の生活

一八六五年四月、凶弾に倒れたリンカーンに代わり、副大統領アンドリュー・ジョンソン（民主党）が大統領に昇格した。

目下、連邦政府が取り掛かるべきは南北戦争によって荒廃した南部の再建だった。だが、南部テネシー州出身のジョンソンは南部に都合の良い政策をとり、共和党と衝突を繰り返した。この結果、彼は弾劾裁判にかけられたが、かろうじて罷免を逃れた。その後、彼の権力と信用は弱まり、主導権を握った議会が一八六七年に再建法を制定。今後十年間、南部に合衆国軍を配備し、建て直しをはかることとなった。

奴隷解放宣言以降、奴隷制の廃止（一八六五年）や黒人の公民権（一八六八年）、選挙権（一八七〇年）がそれぞれ憲法修正十三条、十四条、

十九世紀後半

西部開拓時代
～インディアン戦争とフロンティア開拓の終焉～

Photo:Hulton Archive/Getty Images/アフロ

大陸横断鉄道の開通により、西漸運動はピークに達する。

十五条によって成立し、黒人の人権は保障されたかに見えた。しかしながら、合衆国軍が南部から撤退すると、南部諸州は黒人の公民権を剥奪する州法を制定してしまう。

州政府から冷遇を受けた黒人は、奴隷解放後も差別と貧困を余儀なくされていた。白人から土地を借りて小作人となるも、収穫物の五割以上が地主への上納分だった。さらにはＫＫＫ（クー・クラックス・クラン）をはじめとした白人秘密結社が黒人を次々と襲撃するなど、決して彼らの生活が改善されたとはいえない状態が続いたのだった。

■無法地帯だった西部

南北戦争終了後、連邦政府は南部

復興と同時に再び西部開拓に着手。一八六九年、西部カリフォルニア州へと繋がる最初の大陸横断鉄道が開通すると、西漸《せいぜん》運動はピークに達した。鉄道により資材や移住者の移動時間が短縮され、一八五〇年で十万人に満たなかったカリフォルニアの人口は、二十年後に五十五万人を突破していた。

当時、カリフォルニア移住者の約一割はアジアから訪れた中国人だった。彼らは鉄道の建設でも重要な労働力となり、同地の発展に大きく貢献した。だが、同時に中国人はアヘン・賭博などの悪しき習慣をもたらすとされ、一八八二年には中国人移民禁止法が制定された。

さて、この時代の西部の特徴といえば「西部劇」で知られる保安官やカウボーイといった「ガンマン」の台頭である。当時、人口の急増によって西部諸州の治安が悪化。これを取り締まる役目が保安官なのだが、実は彼らの中にも前科持ちなどの無頼漢がいた。また、育てた牛を売って生計を立てていたカウボーイも同様で、盗人や野獣から牛を守るために好戦的な「ならず者」が多く名乗りを上げていたようだ。

ガンマンはその名の通り銃器の扱いに長けていた。彼らの華麗な銃さばきは、しばしば正義の味方として美化され、西部劇ではヒーロー的扱いを受けている。しかし、実際の彼らはアウトローが大半であり、物語などで義賊として知られるビリー・ザ・キッドも現実では単なる「殺人鬼」だったといわれている。

未開拓のフロンティアは、移住者にとってビジネスチャンスであり、また身の危険を伴う無法地帯でもあったのだ。

■インディアン戦争が遂に終結

十九世紀中葉、アメリカの領土が西海岸に達したことで、いよいよインディアンはその立場を追われるようになった。アメリカ人によるインディアンの征服は実に十七世紀から続いており、これらを総称してインディアン戦争と呼ばれている。アメリカ開拓史は早い話が「領土拡大・インディアン駆逐・フロンティア開拓」の歴史であり、インディアン戦争の終結は自然とフロンティア開拓の消滅を意味していた。一八八六年、アパッチ族の勇敢なるリーダー、ジェロニモが降伏を申し入れたころから争いは収束を迎え、四年後にスー族三百人を一方的に襲撃した「ウンデッド・ニーの虐殺」をもって同戦争は終結したとされている。

こうしてインディアン制圧を終えた一八九〇年、国勢調査局はフロンティアの消滅を発表。地盤を固めたアメリカの視線は海外へ移ろうとしていた。

ビリー・ザ・キッド

後世に名を残した西部ガンマンの象徴的存在

一八五九〜一八八一年

ビリー・ザ・キッドは西部ガンマンの象徴的存在で、二十一年という短い生涯で二十一人を殺害したと伝えられるアウトロー（無法者）だった。ただし、殺害人数については「インディアンの数が含まれていない」ともいわれ、信憑性に欠ける。実際の殺害人数は「二十一人以上」あるいは「十人程度」など諸説紛々である。

■十代で悪行の限りを尽くし、死後は西部劇のヒーローに

ニューヨークで生まれたキッド（本名ウィリアム・ヘンリー・ボニー）は、幼いころに父を亡くしてニューメキシコに移ると、十代半ばで初めての「人殺し」を経験している。殺した相手は成人男性とされ、その動機は「母を辱《はずかし》めたから」だったという。これを契機に悪の道へと足を踏み入れたキッドは、強盗や殺人を繰り返したのちにカウボーイとして生活するようになった。

一八七八年、十八歳になったキッドは牧場主ジョン・タンストールらと「レギュレーターズ」なる徒党を組み、敵対していた地元ギャング「ザ・ボーイズ」との抗争に参加。この争いは「リンカーン郡戦争」と呼ばれ、両者に多くの犠牲者を出し

ビリー・ザ・キッド

たほか、住民にアウトローへの不信感と恐怖心を植え付けたという。

抗争後、依然として犯罪に手を染め続けたキッドは、一八八〇年に保安官パット・ギャレットに逮捕されている。

一八八一年、絞首刑の判決を受けたが、キッドは看守を殺して刑務所から脱走。三ヶ月に渡る逃亡劇は、ギャレットが放った銃弾によって終止符が打たれた。それはまた、キッドの人生が幕を下ろした瞬間でもあった。

十九世紀に散った無法者は、二十世紀に入ると幾度となくスクリーン上で息を吹き返した。多くの作品が彼を義賊として扱った根拠は定かでない。だが、自分本位に駆け抜けた短くも濃密な人生が、はからずも人々の心を魅了したのかもしれない。

ジェロニモ

白人を震撼させたアパッチの英雄

一八二九～一九〇九年

ジェロニモは、日本で最も有名なインディアンのひとりではないだろうか。だが、広く知られた「ジェロニモ」という名は本名ではなく、メキシコ軍がアパッチ族の予言者「ゴヤスレイ」に名付けた通称だった。

■インディアン屈指の好戦的部族

一八二九年、ジェロニモはアメリカ南部のアパッチ族に生まれた。アパッチは好戦的な部族として知られ、入植を試みた白人を襲撃するだけでなく、メキシコに南下して略奪を繰り返していたという。

南部の荒れた岩山で健脚を鍛え、優れた弓術を誇ったアパッチは、ときとして他部族のインディアンの子をさらい、メキシコ人や白人に奴隷として売り飛ばすこともあったそうだ。

アメリカ史において、インディアンが被害者かと問われたら答えはイエスだろう。だが、インディアン同士の抗争もあり、残虐行為もあったようである。さらにはインディアン戦争中、アメリカ側について戦ったインディアンも存在していた。

ジェロニモ

さて、幾度となくメキシコに攻め入ったアパッチ族だが、ある日メキシコ軍の報復を受けることになる。そこでジェロニモは愛する家族を虐殺されてしまったのだ。以降、彼は精鋭部隊を率いてゲリラ化し、さらなる敵意を燃やして異民族に挑むようになった。このとき、奇しくも合衆国は西漸《せいぜん》運動の最盛期だった。

一八八二年、ジェロニモは合衆国軍の捕虜になるも保留地を脱走。その後はメキシコ、アリゾナ、ニューメキシコで暴れ回り、神出鬼没のシャーマンとして白人を恐怖に陥れたという。しかし一八八六年、必死の抵抗も虚しく合衆国軍に包囲されて降伏。優れた軍事指導者だったジェロニモの敗戦から四年後、二世紀以上も続いたインディアン戦争はインディアンの敗北という結末を迎えた。

リーランド・スタンフォード

アメリカ大陸に夢と希望を繋いだ西部の鉄道王

一八二四～一八九三年

リーランド・スタンフォードは、大陸横断鉄道のひとつであるセントラルパシフィック鉄道を設立した実業家で、カリフォルニア州知事を務めた政治家だった。

東西に広がるアメリカ大陸を鉄道で繋げたい……この構想は西漸《せいぜん》運動の一環として十九世紀前半から浮上していた。一八五九年、「大陸横断鉄道の父」セオドア・ジュダを中心に鉄道会議が開催され、出資者のひとりとしてスタンフォードが理事に加わったのだ。一八六二年、連邦政府が財政支援する「太平洋鉄道法」の制定に伴い、スタンフォードは国策会社であるセントラルパシフィック鉄道を設立。翌年に同鉄道はカリフォルニア州サクラメントから東に向かい、もうひとつの国策会社ユニオンパシフィック鉄道がネブラスカ州オマハから西に向かう形で工事が開始された。そして着工から六年後の一八六九年、ユタ準州プロモントリーで東西の鉄道が接続し、ここに国内初の大陸横断鉄道が開通したのである。

また、彼は世界大学ランキングの上位常連校、スタンフォード大学の創始者でもある。もともと教育機関の開校は彼の構想外だったが、愛息スタンフォードJrの夭《よう》逝《せつ》に胸を痛め、息子の名を残すために大学を設立したのだという。

エルフェゴ・バカ

西部開拓時代の伝説的保安官

一八六五～一九四五年

凶悪犯罪が絶えなかった十九世紀後半のアメリカ西部。この地で幾多の危機に瀕しながら、エルフェゴ・バカは生き長らえていた。

エルフェゴは「あるべき姿の」保安官を目指し、ニューメキシコ州ソコロ郡で無法者を討伐する「自称保安官」を務めていた。そして、あるカウボーイを逮捕した一八八四年、捕まえたカウボーイの仲間に追われて彼は一軒の民家に避難。五十人以上のカウボーイが民家を囲み、発射された銃弾は実に四千発を超えたという。

しかし、エルフェゴはこの銃撃を逃れ、たったひとりで十人以上のカウボーイを返り討ちにした末、無傷で生還を果たしたというのだ。

とかく事実が誇張されがちな西部開拓時代ではあるが、この「フリスコ銃撃戦」は彼の最も有名な挿話とされている。その後、一八八八年に正式な連邦保安官に任命され、弁護士や検事を経て政治家として活躍。肩書きが変わっても、住民からは「ソコロ郡で最も優秀な保安官」と呼ばれ信頼を集めたそうだ。

一九四五年八月、エルフェゴは八十歳でこの世を去った。小さな町の治安を守った保安官の死は、第二次世界大戦の終結を見届けた直後であった。

第二次産業革命

～工業の発展と社会のひずみ～

十九世紀後半

■急速な工業化と近代化の裏側で……

南北戦争後から十九世紀末までのアメリカは、まさに発明の時代だった。電話、蓄音機、ミシン、カメラ、そして飛行機……エジソンをはじめ発明家たちは意気軒昂《けんこう》と開発に取り組み、特許許可局が認可したものだけでも五十万件を超えた。再び訪れた産業革命の機運とともに、合衆国は現代アメリカの姿を形成していった。

急速な工業化が進むなかで、鉄鋼王カーネギーや石油王ロックフェラーなどの大資産家も現れはじめた。企業の大資本化は進み、都市にはおびただしい数の高層ビルや工場が建てられていった。一八六〇年以前にはなかった百万人以上の大規模な都市も、一八九〇年にはニューヨーク、シカゴ、フィラデルフィアがその数に達し、ここに都市文化が生まれた。

十九世紀後半

第二次産業革命

～工業の発展と社会のひずみ～

なかでも都市に溢れる子どもたちに向け、平等な教育制度が整えられていった功績は大きい。無料の公立初等、中等学校がつくられ、州立大学を含めた高等教育の発展も着実に進んでいった。そして文字が読めるようになったことで人々は新聞にも興味を持ちはじめ、実用的知識の普及とともに、近代メディアの発展にも繋がっていった。

一方で、社会の近代化は弊害をも伴っていた。ヨーロッパからの大量の移民により街には低賃金労働者が溢れ、ストライキが頻発するようになったのだ。ついに一八八六年には最初の労働組合（ＡＦＬ）が設立され、企業と労働者の対決の歴史がはじまる。

また農業の没落も産業資本主義の発展で顕著になる。その原因は工業の成長だけでなく、鉄道会社による農地の買い占めや法外な輸送費用の決定、また銀行による農作用機械購入にあたっての高金利融資が大きく響いていた。結果、かつてアメリカ経済を支えた農民たちの多くが成金たちによって農地を抵当として奪われ、搾取されながら働く小作人となっていく。

この急速な工業化は大金を稼ぐアメリカン・ドリームの礎となった。しかし、同時に多くの人々がその夢に失望しながら独占企業に搾取されつつ生涯を終えるという、新たな不幸の形成にもなったのである。

トーマス・エジソン

不自由な耳と百年先の頭脳を持った発明王

一八四七〜一九三一年

少年は「リトル・アル」と呼ばれていた。ひどい放浪癖があり、少し目を離した隙に家を出て近所を探検するような子どもだった。ある日、いつもの通り姿をくらましたリトル・アルが、納屋でガチョウの巣箱の上に乗っているところを発見された。「ぼくね、めんどりが温めていた卵から、ひよこが出てくるのを見たんだ。ぼくがガチョウの卵を箱の上に乗って温めていれば、ガチョウの雛が生まれるんじゃないかと思って。めんどりにできるんなら、人間のぼくにもできるはずだよね」――彼が巣箱から腰を上げると、その下にはガチョウの卵が詰まっていた。

この好奇心の強い少年リトル・アル――トーマス・アルバ・エジソンは、一八四七年オハイオ州で生まれた。学校の授業には集中できず、公立小学校は三ヶ月で自主退学した。これが彼の受けた教育のすべてである。十歳になるころには自分が聴覚障害を持つことを知り、また家が街から二キロも離れた孤立した場所にあったため、いつのまにか本好きの内向的な子どもになっていた。彼の独創的な妄想は、着実に膨らんでいく。

十五歳のころにはすでに電信技師として働くようになっていた。南北戦争の最中

トーマス・エジソン

も電信技術の勉強に励み、やがて一級通信士に昇格すると生活も安定した。しかし、この生来の放浪癖を持つ青年は職場を次々と変えていった。ミシガン、メンフィス、ルイヴィル……彼は居場所を変えながら次第に電信機の構造に興味を持ちはじめ、分解しては改良し、それを半値で売るような商売人にもなっていた。

そしてボストンに在住中の二十一歳のとき、彼は初めて特許認可を受ける。その発明品は電気投票記録機で、議会の賛否採決の時間を短縮させるものだった。画期的商品には違いなかったものの、実際に議会で使用されることはなかった。一般では議会での論争は重要なものとして捉えられており、時間を短縮することは不義となったのである。エジソンは思った。「発明品は、やはり実際に使う人のことを考えないといけない。そしてそれに気づくことも、立派な発明のひとつなんだ」。

彼はこの失敗によって発明家として立身することを誓い、勤めていた通信会社を退社する。

■町の電信技師から世界の発明王へ

電気投票記録機からわずか二年ほどの間に、彼は株式情報受信機、電報印刷機、そして万能印刷機を発明する。夜もほとんど眠らず仕事に取り組み、二十三歳で頭髪はほぼ真っ白になっていたという。

革新的な発明により大金が転がり込んでくると、彼は贅沢をするのではなく製造工場をつくり、タイプライターや印字電信機の開発に投資していった。結婚をしてもほとんど家へ帰らず、たとえ妻が家を出て行っても、作業の手を止めることはなかった。

やがて街中から離れたメンロー・パークに工場を構えると、音声電信機や蓄音機の開発に取りかかった。耳が不自由だった彼は、音響関係の機器に関してはとくに熱心だった。歯に金属板を挟んで音を確かめ、完成すれば、必ずどのように使用するかを記者たちの前で実演する。そしてそれを売るために、会社を設立して量産体制を整えることも忘れなかった。彼は発明とビジネスの両立を徹底して行っていた。

その後、ガス灯が一般的だった当時に日本産の竹を導体に用いた電灯を発明し、彼の名声は確固たるものとなった。イギリスやパリの展示会に出展し、世界的な人物となった彼はその後も開発の手を止めず、キネトスコープと呼ばれる映画機器を製造し、大衆娯楽の発展にも貢献した。

第一次世界大戦では半ば強引に海軍諮問委員に抜擢されるが、戦後は再び会社の事業に集中し、蓄音機の改良を進めていく。自分ではない者が開発を進めたラジオが普及しはじめた当時、すでに齢七十を超えていた彼はこう言ったという――。

「あんなものは酔狂に過ぎない」

生涯で一千以上もの特許を獲得したエジソンは、最後まで自分が先端にいなければ気が済まない野心家だった。

ジョン・D・ロックフェラー

アメリカ史上初の億万長者となった稀代の実業家

一八三九〜一九三七年

一八三九年のニューヨーク州、ジョン・D・ロックフェラー一世は薬草の行商人の息子として生まれた。幼少期から抜け目ない性格の持ち主だった彼は、十六歳のころに農業会社の簿記係に就くと、わずか二年で会社設立のための資金を貯めた。農作物仲介会社を立ち上げた彼は、常に金になる資産を探していた。そして一八六〇年、出資者グループによってオハイオ州の油井《ゆせい》についての調査を頼まれたとき、彼は石油の可能性に目覚める。しばらくして、あるローソク業者が石油の精製に乗り出している情報を得ると、その会社の精製所にほとんどの貯金を投資。当時は照明用に使われていただけの石油を、潤滑用や暖房用として活用すれば儲かると予想していたのだった。

その後、次々と石油精製事業で成功した彼は、三十歳のころにはオハイオ州一の実業家になっていた。スタンダード・オイルカンパニーを設立し、買収した精製所の数は二十以上。十年後、全米にある精製所の九割は彼の会社の傘下にあった。ときには、上院議員の買収が発覚して非難を浴びることもあった。しかし鉄道や銀行などさまざまな産業に勢力を広げていく彼を、誰も止めることはできなかった。

ジョン・D・ロックフェラー

アメリカで初めての億万長者となった彼は、六十歳になるころには息子のジョン・D・ロックフェラー二世に事業を託し、慈善事業家として活動をはじめる。財団を立ち上げて世界の医療機関に五億ドルもの寄付金を提供すると、以前からあった人々からの嘆願書も倍増した。花嫁道具から自動車まで、あらゆるものをねだる文面に対して彼はこう言った。

「お金は貯めるより使う方が難しい」

財産分与の理念はロックフェラー一族に代々受け継がれた。国立公園や国連ビルなど国内だけにとどまらず、パリのベルサイユ美術館から東京の帝国大学図書館まで、一族の寄付の対象は世界中に及んだ。

一九三七年、多くの尊敬と嫉妬を身に受けながら、彼は静かにこの世を去った。

四億ドルの資産すべてを慈善活動に費やした鉄鋼王

アンドリュー・カーネギー

一八三五〜一九一九年

二十世紀が明けたとき、アメリカの鉄鋼王はこう叫んだ。

「鉄の時代よさらば、鉄鋼万歳！」

スコットランドの石小屋で生まれた彼は、十二歳のころに両親の事情でアメリカのピッツバーグに移住。大陸に夢を求めてきたカーネギー家だったが、父親は渡米前と同じ手織工におさまり、家庭内の雰囲気は徐々にかげりを帯びはじめていた。

しかし少年アンドリューにとって、アメリカ大国への夢はまだはじまったばかりだった。糸巻き工として十三歳から働きはじめた彼は、その後は電報配達人、鉄道事務員、現場主任と着実にキャリアアップし、南北戦争では連邦軍のための電報組織を再編成した。ピッツバーグに復員したのちはペンシルバニア州に橋梁《きょうりょう》製鉄所を共同出資で設立し、これが大当たりすると商売は軌道に乗った。その後、炭坑や溶鉱炉を次々と買収し、鉄道事業にも投資を行っていく。彼は鉄鋼の将来に自らの運命を賭けていた。木材や粗末な鉄材が主流だった当時、ナイフやフォーク、そして橋梁《きょうりょう》や汽船にまで応用できる鉄鋼の可能性を、すでに見出していたのだった。

やがて鉄道の主要輸送線路とヨーロッパへの運輸航路を買収したとき、彼は鉄鋼

アンドリュー・カーネギー

王として全米に知られる存在となっていた。一八九〇年代にはストライキに悩まされることもあったが、一方では『富の福音』という慈善活動の啓蒙書を発表して寄付金を提供するなど、大衆の信頼を完全に裏切ることはなかった。

一九〇一年に事業権利を売却して引退すると、彼は四億ドルという資産のすべてを公共施設や平和基金、さらに自分の召使いにも贈与し、財産をばらまいていった。金儲けの悪夢から目が覚めた、寂しげな老人の心尽くしだった。

「金を残して死ぬ者は恥辱にまみれて死ぬ」――自著『富の福音』には、彼の金銭に対する価値観が痛々しいまでに記されている。家族のために財産を残すことさえ否定した彼には、ひとりの子どももいなかった。

ヘンリー・フォード

ベルトコンベア方式を考案し、量産体制を築いた自動車王

一八六三〜一九四七年

一八七七年、農場用の荷馬車で街中を走っているとき、ふと目につくものがあった。蒸気機関車だった。十四歳のヘンリー・フォードは馬車から飛び降り、機関車の運転手に駆け寄って矢継ぎ早に質問を浴びせかけた。どうして動くことができるのか、何人の大人が乗れるのか、寿命は何年か——。

十六歳のとき、彼はデトロイトにある蒸気機関工場の製造工として住み込みで働くようになる。動力に関する彼の疑問は続いていた。そのうち仕事を覚えた彼は、夜も懐中時計の修理工としてアルバイトをするほど活動的だった。やがて時計の製造業者としての会社設立を夢見るようになったが、どういうわけか、しばらくすると彼はその夢をあっさり諦めてしまう。

「懐中時計は嗜好品で必需品ではない。ぼくは万人のための商品を開発したい」

彼が最も大事にしたのは「大衆」だった。その後、二十八歳でエジソン電灯会社に就職すると電気系統の知識をみるみる積んでいき、わずか五年後に四輪自動車を走行させている。発明から約十五年しか経っていなかった「馬なし馬車」を、彼は改良に改良を重ね、やがて社長のエジソンでさえ賞賛するほどの完成度に仕上げた。

ヘンリー・フォード

一九〇三年にはフォード自動車会社を設立し、次々と新商品を発表。そして一九〇八年、ベルトコンベア方式により一台八百五十ドルという価格で発表したT型フォードは爆発的な売れ行きを見せ、アメリカ中に自動車が走るようになる。

発売後は徐々に値段を下げ、一九二四年には二百九十ドルという低価格を実現。また一九一四年には工場労働者の賃金を倍に引き上げた。彼は工場労働者でも車を買えるという目標を自らの手で実現させたのだった。果たして、一九二七年に生産が打ち切られるまで、この大衆車の販売台数は千五百万台にのぼった。

量産体制を構築し、低価格を実現したT型フォード。大衆車の存在は二十一世紀となった現在も我々の生活に大きく貢献している。

ジョン・P・モーガン

カーネギーに引導を渡した金融界の猛者

一八三七～一九一三年

一八三七年、銀行経営者の息子としてジョン・P・モーガンは生まれた。大学卒業後、ニューヨークの銀行で会計業務を取り扱った彼は、一八六二年に早くも自分の会社を設立する。その後、友人と資金調達会社を共同設立し、アメリカのみならず世界中の金融市場に目を向けてコネクションを広げていった。

彼の行ったことは、産業界の企業再編成を目的とした莫大な融資だった。はじめに鉄道会社の競争を調停して鉄道業界を支配すると、投資の対象を他産業にまで広げて大胆に業界再編を指導し、同時に株式市場を自在にコントロールすることで巨額の富を得ていく。一九〇一年にはカーネギーの会社を合併し、世界一の巨大企業USスティール社を設立。一九〇七年の大不況では彼の金融統制が事態の沈静に大きく貢献し、まさに金融界の顔として崇められるようになった。

とはいえ、お金のことだけを考えていたわけではなかった。彼はこう述べている。「融資の判断基準は会社の収益ではなく代表者の人格です。クリスチャンの立場として私が信用しない人物には、決してお金を与えることはありません」

一九一三年、母国の喧噪《けんそう》から離れたイタリアのローマで静かに息を引き取った。

コーニリアス・ヴァンダービルト

一隻の帆船から陸海両方の運送業を制した事業家

一七九四～一八七七年

農家の子どもとして生まれ、ニューヨークのスタテン島で過ごした少年時代は学校の授業をまともに受けず、海岸で漁師たちと遊ぶことに夢中だった。十六歳のとき、母親から小遣いをもらうと自分のボートを買い、恐るべき航海技術で周囲の運送業者を驚かせる。これが大富豪への一歩だった。米英戦争では運輸業務で着実に収益をあげ、二十代半ばにして数隻の船を所有するまでになっていた。

その後、蒸気船の登場に目をつけた彼は蒸気船運輸を行っている会社に就職し、ノウハウを身につけると三十五歳で独立。おんぼろ船一隻で運送業を開始し、低運賃を武器に膨大な利益をあげていった。船には保険もかけず、ひたすら純利益を追求した彼のやり方は功を奏し、十年後には百隻以上を管理する企業へと成長する。

一八六〇年代になると蒸気機関車に可能性を感じて鉄道事業に手を出し、わずか三年の間に東部の鉄道網を支配した。こうして陸海両方の運送業を制した彼は死去までに莫大な富を築き上げ、自分と同じ農家生まれの人たちに夢を与えたのだった。

「従順に学校教育を受けていただけならば、これだけ多くのことは学べなかった」

彼の晩年の言葉である。

二十世紀初頭

帝国主義への邁進
～ジレンマを抱え、迷走し、強硬外交を展開する～

■帝国主義と孤立主義の狭間で

一八九〇年、国勢調査局はフロンティアの終焉を公式に宣言した。この宣言は結果として国民の不安感だけでなく、経済体制や外交政策の変革にも繋がっていった。彼らの関心はしゃぶり尽くされた国内から、海外へと移っていったのである。

九〇年代にイギリスを抜いて世界一の工業国に成長した産業界は、早くから本格的な海外進出を目論んでいた。繁栄の一方で不安定な国内市場に限界が見えはじめ、一八九三年には過酷な経済不況に陥っていた。

また海外進出の要求を受けていた連邦政府も、世界各国での通信装置や兵器製造の技術革新、イギリスやフランスといった列強国の進出や日本やドイツの新勢力の台頭など、海外に目を向けざるを得ない国際情勢に立たされていた。つまり経済的要請という内的な動機だけでなく、このままでは他国の帝国主義に遅れをとるだろうという外的要因においても、アメリカの海外進出は避けて通れない道となっていたのだ。

そうなるとあとは、獲る側に立つか獲られる側に立つか、その選択だけだった。

■海外に領土を保有するかどうかで論争

果たして一八九八年、ついにアメリカはキューバで起こった独立運動を巡ってスペインと交戦する。参戦から猛攻撃を仕掛けたアメリカは、三ヶ月間でキューバだけでなくフィリピン、プエルトリコ、グアムといったスペイン領地を占領したほか、戦線に余裕が見えるとハワイの併合を連邦会議で決定し、海外侵略の道を邁進した。アメリカの底力を初めて世界に見せつけた、圧倒的な勝利だった。

ここでフィリピン領有について国内で大きな論争が起こった。海外に領土を有することが、アメリカに利益をもたらすのか、それともアメリカの民主主義体制を脅かすことになるのか。フィリピン領有を支持する「帝国主義者」と反対する「反帝国主義者」の論争は、結局「帝国主義者」の勝利となり、アメリカはフィリピンを領有することになった。

しかし、注意しなければならないのは、「反帝国主義者」は海外に領土を保有することに反対していただけであり、合衆国の海外膨張に反対したのではない。海外領土を保有せずに、海外への経済的膨張をはかっていたアメリカの政策は、中国の門戸開放宣言として現れることになる。

■ファシスト外交の展開

スペインとの戦争を終えてからは一層、アメリカ政府の海外進出は顕著になった。

一九〇一年に就任したセオドア・ルーズベルト大統領は軍事力を重視した「棍棒《こんぼう》外交」といわれる軍事的外交を進める。カリブ海諸国の支配については他国の干渉を受けないというモンロー主義のもと、大西洋〜太平洋航路の要衝地となるパナマ運河の建設を進めた。また、続くウィリアム・タフト大統領も対外投資を援助する「ドル外交」を推し進めるなど、アメリカは軍事的にも、経済的にも世界的な強国へと発展していく。

国内経済の活況により、もちろん国民の生活も変容していった。住宅は全国民を収容できる数に到達し、物質的には不足ない生活を送れるようになっていた。たとえば一九〇〇年に約六十七万台だった電話機は、一九一五年には約六百万台になっていた。

しかし一方で、大企業によるトラスト（同一業種の企業による利益の独占）や劣悪な労働条件の職場など、産業界の腐敗も目立ちはじめていた。労働組合は機能せず、社会主義を訴える新しい組合のIWW（世界産業労働者団）も設立された。彼らによるストライキはその後何年にも渡って繰り返され、国内には資本主義を嫌う社会主義者の数が増加していった。

■革新主義運動から世界戦争参戦へ

帝国主義の裏側に見え隠れしていたこうした社会の実態を、積極的に糾弾したのが作家たちだった。「マックレイキング（社会の不正を暴露する）の時代」といわれたこの時期、数百万人という読者を持つ人気作家たちが、揃って都市産業社会の不正を暴露したのである。とくにアプトン・シンクレアの『ジャングル』は、シカゴの精肉工場の実態をすっぱ抜くと同時に資産分配を訴える社会主義的な内容が話題となり、爆発的にヒット。豊かさの一方で、国民は完全なる平等のための革新を求めていた。時の大統領ルーズベルトは、もはや国民の声を無視することは許されない状況に立たされていた。

アメリカの参戦が第一次世界大戦の戦局を大きく左右した。

Photo:Hulton Archive/Getty Images/アフロ

シンクレアの『ジャングル』を読んでいた彼は、早速この著者と直接連絡をとり、食品業界の調査を進めた。すぐに食品検査法と薬物法を制定すると、他にも鉄道やパイプラインを統制するヘバン法、また西部の土地改良のためにニューランズ法を成立させていった。

彼は海外に対して強硬な態度をとりながら、自国民に対しては柔軟な姿勢を示した革新主義者だった。

同じく一九一三年に就任したウッドロウ・ウィルソン大統領も、革新主義政策には積極的だった。個人の利益を無視したこれまでの国家の発展を批判し、低関税率の導入や反トラスト法の強化を推進していったのだ。

しかし、ウィルソンの国内改革は長くは続かなかった。一九一四年にヨーロッパで勃発した第一次世界大戦の戦局が、いよいよアメリカの参戦を余儀なくさせていたのである。

■「世界の民主主義を守るため」の戦い

戦いはイギリス、フランス、イタリアの連合国と、ドイツ、オーストリア、ロシアの同盟国という組み合わせ。当初は中立の立場をとっていたウィルソンだったが、ドイツがアメリカを含めての無差別潜水艦攻撃を宣言したところでただちに国交を断絶。国内で強硬論が声高に叫ばれるなか、参戦を決断した。

「世界の民主主義を守るため」とのモットーを掲げ、徴兵制で兵力をかき集めた。

アメリカが参戦した一九一七年は、すでに連合国側も同盟国側も疲弊していた。そのためこの豊富な軍事力を誇る国家の援軍が、連合国側に戦運を呼び寄せたのは必然だった。

果たして一九一八年十一月、ドイツ政府が休戦協定に署名したことにより、第一次世界大戦は終焉を迎えた。アメリカ軍の前線投入から、半年後のことだった。

ジョセフ・ピュリッツァー

近代メディアの礎を築いた新聞王

一八四七〜一九一一年

自由の女神をつくった男、といわれることもある。フランスから贈られることになっていた女神像を置くための台座の製造が資金不足のため停滞していたとき、全国に募金を呼びかけたのがジョセフ・ピュリッツァーだった。募金額は、わずか五ケ月で十万ドルにものぼった。台座は無事建てられ、設置された女神像のつま先には彼の名前が刻印された。テレビもラジオも普及していない一八八六年当時に、なぜ彼が呼びかけただけでアメリカ全土から巨額の募金が集まったか？　答えは、彼が全米一の人気新聞『ワールド』のボスだったからだ。

アメリカの新聞の歴史は、合衆国成立前から息づいていた。彼が一八四七年にハンガリーで生まれたとき、すでにアメリカのメディアは独自の力を持っていた。

南北戦争中に義勇兵として渡米していた彼は、次第に新聞の魅力に取り憑かれていく。二十歳のころにはセントルイスで記者としてキャリアを積み始め、七八年に『ポスト・ディスパッチ』紙を発行して新聞社経営の道へ。八三年にニューヨークの『ワールド』紙を買収すると、その後の三年間で発行部数を一万数千から二十五万にまで発展させ、一躍「新聞王」として知られることとなった。

彼の新聞の醍醐味は上流階層の風俗を茶化し、市政や企業の腐敗を暴露する反骨精神にあった。とくに『ホーガン小路』という新聞上の漫画はゴルフや犬の品評会といった金持ちの風俗をコケにして、労働者階級から絶大な支持を得ていた。登場する漫画の主人公の名前から「イエロージャーナリズム」と呼ばれた辛辣な社会風刺は、一八九八年の米西戦争ではスペインに対する国民の好戦感情を掻き立てるなど、扇情的な役割も果たす。

晩年はコロンビア大学に百万ドルを寄付して新聞学部を開設させるなど、近代ジャーナリズムの育成にも貢献した。「犯罪を抑止するのは、法律ではなく新聞に暴露されることへの恐怖である」

死後に創設された「ピュリッツァー賞」は、彼のその遺訓を引き継ぐためにある。

ウィリアム・ランドルフ・ハースト

一八六三〜一九五一年

多角的メディア産業の帝王

一八九一年、新聞『エグザミナー』は発行部数で西部アメリカのトップに躍り出る。社長はまだ二十八歳の青年、ウィリアム・ランドルフ・ハースト。わずか五年後に「新聞王」ピュリッツァーのライバルになる、出版界の寵児だった。

父は鉱山業で財を築いた大金持ちだった。小遣いで学生時代からコミックペーパーを発行していた彼は、一八八七年に父から『エグザミナー』紙の経営権を譲り受け、新聞業界に第一歩を踏み出した。

そこからは早かった。父から約七百五十万ドルという巨額の投資を受け、九一年には先述の通り『エグザミナー』を地元最有力紙にまで育て上げた。九五年には人気が低迷したニューヨークの『ジャーナル』を買収し、業界の第一線へ。すでにハーストの野心は、ピュリッツァーの王座を奪うことにまで膨らんでいた。

もともとはピュリッツァーの弟が創刊した『ジャーナル』を、ハーストはピュリッツァーの『ワールド』そっくりに焼き写した。つまり彼は、ピュリッツァーが築き上げてきたコネクションも紙面構成も読者人気も、ごっそり乗っ取るつもりだったのだ。勝つためなら手段を選ばないハーストの熱意で『ジャーナル』は急速に売

れ行きを伸ばし、たった一年で『ワールド』を追い抜いた。わずか二万部だった発行部数は九十五万部に膨れ上がった。
　あるときは『ワールド』から人気作家を三倍の給料で引き抜き、あるときは米西戦争の戦地に挿絵画家を送り込み「戦争はこっちで作るから、平穏であってもそこで絵を描け」と命令。彼にとっては戦争すら販売部数を伸ばす素材であり、政府にとっても扇情的な同紙は好都合だった。そのイエロージャーナリズムは批評家から非難されたが、彼の勢いは止まらず、四十以上の雑誌や新聞を発行し、通信社や映画会社なども傘下とした。
　世界恐慌後こそ勢いを失ったが、「ハースト王国」は多角的メディア産業のはしりとして、今日でも巨大コンツェルンに名を連ねている。

セオドア・ルーズベルト

革新的かつ強硬的政策を実行した愛国者

一八五八〜一九一九年

誰よりもアメリカを愛した。軍事も経済もアメリカは優れていなければならず、それを守るためならば戦争すら拒まなかった。セオドア・ルーズベルトという男は、そういった国粋主義的な一面を見せながら、大統領として恐るべき実行力で国を革新していったアメリカ人だった。

裕福な名門家庭に生まれた彼は大学卒業後、アメリカという国そのものに興味を持った。色々な人種が集まっているのに、どうしてひとつになることができたんだろう？　そして形になって間もないこの国の歴史は、今後どうなるんだろう？　彼は通っていたロースクールを中退し、ニューヨーク州の議員に就任した。政治家として、すでに母国の歴史を守っていく覚悟ができていた。

その後も警察長官、行政委員会委員、海軍次官と役職は変遷したが、愛国心は変わらず。キューバ問題については主戦論を強調し、いざ米西戦争が起こると自ら戦場に赴いて暴れ回る。戦地から戻るころ、彼はすっかり国民の人気者になっていた。

ニューヨーク州知事に就任後、彼は票集めの事情から副大統領に祭り上げられた。そしてわずか一年後の一九〇一年、マッキンレー大統領が暗殺されたことにより、

セオドア・ルーズベルト

大統領の座に就いた。
　素願を達成した彼は、やる気に満ちていた。食品検査法やシャーマン法で企業の不正を取り締まる一方、労働階級者には公平な施策を進めた。一九〇二年にペンシルバニア州で起こった炭鉱労働者のストライキでは、経営者を脅してまで交渉の場につかせた。また海外に対しても手荒く、カリブ海諸国には「棍棒《こんぼう》外交」によって強引にパナマ運河を建設し、中国に向けては門戸開放宣言により経済的進出を計るなど、革新的かつ強硬な政策を実行していった。
　〇九年の降任後、一二年には再選に挑んだが失敗。その後、第一次世界大戦がアメリカの勝利に終わるのを見届けると、彼はほっとしたかのように息を引き取った。終戦から三ヶ月後のことだった。

アルフレッド・セイヤー・マハン

舵よりペンを選んだ海軍最大の軍略家

一八四〇〜一九一四年

七十四年間の生涯のうち、実に四十年間を海軍で過ごした。それでも彼は軍人というより文筆の人であり、どちらかといえばインテリに属する人種だった。単行本二十冊、論文や記事百三十七本、手紙に至っては約三千通もの数を執筆している。また海上勤務を頑《かたく》なに嫌がっていたという記録もある。アルフレッド・セイヤー・マハンの戦いは、やはり海ではなく紙の上で繰り広げられていたのである。

ニューヨーク州で「軍人精神は強烈だった」という陸軍士官学校教授の息子として育ち、十六歳のころにはコロンビア大学を中退して海軍兵学校に転入。志願してアジアやアフリカの各国に駐在し、二番という席次で卒業した。その後南北戦争を体験した彼は、海軍兵学校の教官や軍艦長という任務に就きながら、軍学についての著作を次々と発表していった。

彼にとって大きな契機となったのは、一八九〇年のフロンティア終焉の公式発表だった。海外進出の機運が国内で高まると、自然と彼の軍学が求められるようになった。同年に発表した『海上権力史論』は大きな反響を呼び、ドイツやイギリスなど世界各国の海上戦略にも影響を及ぼした。当時世界屈指といわれていたイギリス

アルフレッド・セイヤー・マハン

海軍のトリオン中将は、この本に衝撃を受けてこう言った。

「我々はマハンに大きな借りをつくった」

反対派の上司から迫害を受けることもあったが、一八九八年の米西戦争では引っ張りだこだった。作戦会議に呼ばれると、セオドア・ルーズベルトなどの首脳部に高度な軍略を次々と提案。一八九九年にはハーグ平和会議にアメリカ代表として出席し、強硬的な意見を主張した。またルーズベルトが大統領に就任すると彼はますます厚遇され、パナマ運河の開設にも積極的に意見した。

ちなみに、彼の理論は我が国にも広く紹介され、日本の勝利に終わった日露戦争では『海上権力史論』を模範にしたといわれている。

ウッドロウ・ウィルソン

信条を貫き通すべく全米を行脚した不屈の政治家

一八五六〜一九二四年

ウッドロウ・ウィルソンの生涯は、常に自分の信念に対して誠実だった。ただしそれは、人によっては頑固と見られることもあったようだ。もちろん相手が自分の教え子たちであれば何ら問題はない。しかし一九一三年に自身が大統領になり、説得の対象が国民になってからは事情が一変。ときには嘲笑、ときには大ブーイングを浴び、過労とストレスから半身不随になるほどの苦難を味わうことになるのだ。

バージニア州で生まれた彼は聖職者の父のもと、厳格な道徳教育を受けて育った。一方では黒人差別の色濃く残った南部社会を目にし、自国についてさまざまな疑問を抱きながら青年期を過ごした。そして大学での教職を経たのち、市民の指導者として立身することを決意する。

政治に関するいくつかの著作を発表しながら、八五年にはブリンマー大学に教員として就任。八八年にウェズレー大学、九〇年にプリンストン大学に勤務した彼はどこへいっても高評価を得て、信念のこもった講義は生徒からも人気があった。二十世紀に入るころには学界において第一線の人物と評され、一九〇二年にはプリンストン大学の総長に。教育改革を学内で推し進めた彼は、一〇年にはニュージャー

ウッドロウ・ウィルソン

ジー州の知事となっている。

そして、彼が民主党代表として大統領に就任したのが一九一三年。つまり、知事就任からたったの三年である。これは共和党内の対立抗争が勝因といわれているが、それ以上に彼の天運の強さを感じさせる巡り合わせだった。

■先進的すぎた「平和十四ヶ条」

就任後は、自分の抱いていた政治理念を次々と具現化しようとした。独占企業の規制や中央銀行制度確立のための法整備など、どれも政策は革新的だった。

ここまでは順風満帆。問題は第一次大戦への参戦を余儀なくされ、大きな決断が必要となってから起こる。戦争に対して当初こそ中立を宣言していたものの、国内の不況や世界の権力バランスの崩壊、ドイツによる対米攻撃といった問題への懸念は一七年にはピークに達していた。そしてついに彼は「民主主義を守るため」との大義名分を掲げ、同年四月に参戦へと踏み切る。「アメリカを戦争に引き込まなかった」として大統領再選を果たしてから、わずか一年後のことだった。

戦争は勝利のうちに終結を迎えたものの、彼への風向きは完全に逆風となった。パリ講和会議で彼の「平和十四ヶ条」にもとづく提案は、賠償金や領土獲得を目論む戦勝国には受け入れられなかった。「モーゼの戒律ですら十個だったはずだが」。フランスのクレマンソー首相はこう皮肉を言った。また国内でも、独断的に国際秩序の指揮をとろうとする彼に対する不信感が生まれ、一九一八年の中間選挙では民主党が大敗するという結果に終わる。軍備縮小、植民地住民の利益保護……こんなことを声高に提唱しているのは、世界では彼以外誰もいなかった。

失意の中でノーベル平和賞を受賞

それでも彼は譲らなかった。パリ講和会議では、次々と骨抜きにされた平和十四ヶ条だったが、彼の悲願である国際連盟の設立だけは残すことができた。条約をアメリカに持ち帰り、国際連盟が今後の世界を救うことを訴えた。「このままでは、三十年以内に世界大戦が繰り返される」――上院議員たち、そして国民をベルサイユ条約の批准に説得するため、彼はついに全国遊説の旅をはじめた。

しかし、反対派の力も強かった。約二週間後、無理な旅程スケジュールが原因でコロラド州の遊説先で倒れてしまう。起きあがったとき彼の体は半身不随になっていた。さらに彼が意識不明の状態のとき、上院議員たちはベルサイユ条約批准《ひじゅん》の否決を議会の正式な決定案としていた。ここに彼の運は尽きた。

「次の世界大戦に使われる兵器から比べれば、先の戦争で使われた武器など玩具と同じようなものになる」

一九一九年に彼はノーベル平和賞を受賞している。しかし失意のうちにあった当時の日々では、この賞に対しても虚しさを覚えるだけだったかもしれない。

アメリカ料理とは？

◆十人十色の自由な食習慣

「イタリアンレストラン」という言葉に馴染みはあっても、「アメリカンレストラン」という言葉は聞いたこともなければ、イメージすら湧かないという方が多いのではないか。しかし、アメリカには七面鳥、ハンバーガーからコーヒーまで、多文化多民族社会を反映し、食の選択肢も多い。

「選ぶ」というところに、アメリカ家庭の食卓の特徴があるのだ。コーヒーひとつとっても、レギュラー、エスプレッソ、サンカコーヒー、デカフェ等々、彼らの食事はその幅広さが最大の「ウリ」となっているのだ。やたらと品数の多いスターバックスも、アメリカの食文化から生まれたひとつの象徴といっていいだろう。つまり、アメリカ人にとっても、それぞれが思い浮かべるアメリカ料理は異なるのだ。

そんな彼らの嗜好が最も端的に表れているのが、ジュースや冷凍製品などのパッケージ食品。スナック菓子やアイスクリームなどの種類は膨大な数におよび、結果として世界的な人気商品も数多く生まれた。

こんなところにも、「自分の好みをしっかり主張する」というアメリカの自由精神が垣間見えるのではないだろうか。

■メイド・イン・アメリカの定番商品

商品名	メーカー	発売年
コカ・コーラ	コカ・コーラ	1886
キャンベル・スープ	キャンベル	1898
コーンフレーク	ケロッグ	1906
オレオ	ナビスコ	1912
マロマーズ	ナビスコ	1913
リッツ・クラッカー	クラフト	1935
スパム	ホーメル	1937
M&Mチョコレート	M&M	1941
ハーゲンダッツ・アイスクリーム	ハーゲンダッツ	1961

※発売年はアメリカでのもの

第五章
空前の好景気とバブル崩壊

バブル経済と新たな文化の出現
～史上空前の好景気と社会的モラルの変化～

二十世紀前半

■第一次世界大戦後に迎えた空前の好景気

一九一九年一月、パリのベルサイユ宮殿で第一次世界大戦の講和会議が開始された。アメリカ代表のウィルソン大統領は前年、一般教書で提案した「平和十四ヶ条」をもとに国際連盟の設立を実現しようと会議で熱弁をふるったが、賠償を望む他の戦勝国にとって彼の平和主義は迷惑でしかなかった。その後、各国の妥協が重ねられた条約案にドイツが調印するまで、約半年もの時間がかかった。

結果として、国際連盟は設立されたものの、ウィルソンの描いた通りの新しい世界秩序を築くことはできなかった。その影響もあって、国内でも国際連盟規約に反対する勢力が強くなり、ついに参加は見送られることとなった。アメリカ国民は疲れていた。平和と民主主義のためであ

二十世紀前半

バブル経済と新たな文化の出現
～史上空前の好景気と社会的モラルの変化～

1900年代初頭、マンハッタンの「摩天楼」。好景気が高層ビルの建設を加速させた。

Photo:Hulton Archive/Getty Images/アフロ

ったはずの戦争に失望していた彼らは、これ以上自国が緊張を強いられる国際問題に関わることを望んでいなかった。

しかし、国内は徐々に戦後疲労から体力を取り戻していった。それは経済の著しい発展だった。

戦争直後の二、三年こそ一時的な不況に陥ったものの、一九二九年に至るまでアメリカ国内の平均株価は年々上昇し、ダウ工業株平均では一九二一年の約四・五倍、実質GNP（国民総生産）は約四五パーセント上昇という空前の好景気を迎えた。この背景には、大戦中にアメリカの地が実戦場とはならず、世界へ向けての物資供給役として商工業が活発化したことがあった。

そんななか、国民の政治への関心は確実に薄れていった。デモクラシーを掲げた戦争に幻滅していた彼らは、ウィルソンの後任についても「民主党以外なら誰でもいい」という態度で、新大統領となった共和党のウォレン・ハーディングは当初から人気薄だった。急速な経済発展のなか、国民の関心は政治よりも金儲けにあった。

■金儲け主義を崇拝した大統領たち

一九二〇年代の歴代大統領は、おしなべて経済発展を第一に見据えた「企業家」の一面を持っていた。

大統領に就任したハーディングは政府の資金管理を合理化するため予算局を創設すると、フォードニー・マッカンバー法によって国際競争力のある自動車などの関税を引き下げ、その他の品種は輸入禁止的なレベルまで引き上げさせた。そのほか、経済の活性化にプラスになるようなことにはすべて「イエス」の回答を与えていった。

しかし、財政状態が良好になればなるほど、徐々にホワイトハウス内は腐敗していく。閣僚たちは民間企業から賄賂を受け取り、ハウス内は「オハイオ・ギャング」と呼ばれる仲間が入り浸り、酒盛りパーティーが毎夜行われるようになる。部下の収賄スキャンダルが次々と発覚するまで、そう時間はかからなかった。大統領であるハーディングこそ直接関わっていなかったものの、部下の逮捕はよほどショックだったのか、一九二三年の旅行中に倒れ、まもなく帰らぬ人となった。

続くカルヴィン・クーリッジも「企業家」の大統領だった。「この国はビジネスのための政府が求められている」と宣言したクーリッジもまた、法人所得税や売上税を大幅に引き下げさせるなど、あからさまに企業寄りの政策を実行していった。一九二〇年に五十四億ドルだった内税収入は、彼の就任期間中の一九二五年には半分以下の二十六億円にまで下がった。この収入の減少は諸外国への高関税で補い、彼は国内の企業家連中に対して経済の活性化を促すべく、できる限り厚遇で迎えていたのである。

■繁栄の影で漂った空虚なムード

日本にも高度経済成長期に伴った「一億総中流」の時代があったように、一九二〇年代のアメリカは中産階級が増殖し、国民の生活様式も一変した。

組み立てライン方式により大量生産された自動車は、約五人にひとりという割合にまで普及。ラジオを持つ家庭は一九二二年からの七年間で約百七十倍にまで膨れ上がり、マイホームは二〇年から二五年までで年間建築数が約五倍に上昇した。株長者も多く現れ、一般家庭の間でも株式ブームが巻き起こった。まさに文句のつけようがないほど豊かな生活。しかし物質的充足を達成しても、この「繁栄の時代」を生きる人々は、どこかで虚しさを感じるようになっていた。

女性はミニスカート姿でパーマをあて、女優か娼婦のものだった口紅を塗り、男性と酒や煙草をたしなみペッティング・パーティーを楽しむ。旧来のヴィクトリアニズムの道徳観念から脱却し、フィッツジェラルドの文学を信奉した「未知の価値観」への挑戦だった。ブラック・ゲットーが本格的に形成されたのもこのころで、マンハッタン北部のハーレムには黒人たちが住みつき、デューク・エリントンなどのジャズとともに「ハーレム・ルネサンス」と呼ばれる黒人文化が生まれた。そこには白人の若者たちの姿もあった。当時は下品といわれていたジャズ・ダンスを踊るため、多くの人がハーレムに通い、新たな快楽を求めていた。

一方、ベーブ・ルースやリンドバーグなど、多くの国民的ヒーローが誕生したのもこの時期だった。物質的に満たされ、不自由のないはずの国民が彼らに希望を見出したことは、皮肉にもこの時代を包む虚しい空気を表していたのかもしれない。

バブル経済と新たな文化の出現

～史上空前の好景気と社会的モラルの変化～

またそんな風潮を反映するかのように、社会のモラルを正すため伝統的な倫理観に回帰しようと謳《うた》うアングロサクソン系の保守勢力（ＷＡＳＰ）の動きも、表面化しはじめていた。

なかでも一九二四年に制定された移民法は西欧や東欧出身の移民を差別的に制限し、アジアからの移民をフィリピンを除き禁止するものであり、目的は自分たちの伝統的価値観を守るためだった。一九二〇年の禁酒法についても、国民感情の大半が反対に傾いていたにもかかわらず廃止されなかったのは、物質主義や快楽主義を戒める目的で施行されたためでもあるといわれている。

さらに一九二〇年には、マサチューセッツ州で起きた殺人事件でイタリア系移民ふたりが逮捕され、一九二七年、証拠不十分のまま死刑執行されるという事件が発生（サッコ・ヴァンゼッティ事件）。一九二五年には、テネシー州の高校教師がダーウィンの進化論を教えたために有罪判決を受けるという出来事（モンキー裁判）が起こるなど、新しい価値観を拒む保守勢力の動きはますますエスカレートしていった。

しかし、このような方法でアメリカ国民の価値観が是正されるはずはなかった。やはり社会モラルは迷走したまま、豊かさだけが頼れるものとして生活をやり過ごしていくしかなかった。

ウォレン・ハーディング

政務のほとんどを部下に任せていた大統領

一八六五〜一九二三年

母親が医師、父親が教師という家庭の長男として育ったウォレン・ハーディングの人生は、まさに我慢の連続だった。

オハイオ州で生まれた彼は大学卒業後、友人と地元の新聞を買収して出版者として活動。このころからすでに共和党を支持しており、紙面にもその政治色を反映させて販売数を伸ばしていたが、まもなくして有力者たちの圧力で抑えられてしまう。一時はノイローゼまで患った彼だが、やがて州議員への転身に成功した。

政治家としての道は過酷だった。しばらくは党内争いのなか調整役として耐える日々が続き、一九一〇年には共和党から州知事に立候補したが、あえなく落選してしまう。その後、四苦八苦して中央政府の上院議員に当選したとき、すでに彼の肝は小さくなってしまっていたのだろうか。

政務といえば小さな法案ばかりを提出することで、やはり派閥争いをなだめるのがもっぱらの日課だった。一九二一年に大統領に就けたのも、党内の実力者たちによる代表争いを収拾するためであり、いわば「漁夫の利」だった。そしてどこかうろたえた表情の彼は、選挙演説でこう言った。

「現在、我が国に必要なのは妙案ではなく常態です」
　事実、彼は政務権限のほとんどを閣僚に与え、自分は黙々とトランプ遊びにふけっていた。しかしその他人任せが裏目に出た。内務長官など、部下が次々と賄賂で逮捕されてしまったのである。当然、無実の彼にも疑いの目が向けられた。
　ここでも彼はぐっとこらえるだけだった。酒の量は増え、狂気的に日夜トランプ遊びを繰り返す。一九二三年、アラスカへの旅の帰りに寄ったサンフランシスコで無理がたたったのか突然倒れこんだ。そして看病をしてくれていた妻が週刊誌を読むのを聞くうち、そのまま息を引き取った。妻が読み上げた週刊誌『サタデー・イブニング・ポスト』の記事は、彼を賛辞する内容だったという。

ジェーン・アダムズ

貧しき人たちに生涯を捧げた「社会福祉の母」

一八六〇〜一九三五年

十九世紀末、次々と移民たちがアメリカに押し寄せてくるなかで、都市では職を見つけることができず、貧困に苦しむ失業者が続出した。そんな移民たちの不遇に手を差し伸べたのが、ジェーン・アダムズだった。

イリノイ州上院議員の娘として生まれたジェーンは、小さいころから厳格な宗教的教育を受けて育った。将来は医師として慈善活動を行おうと心に決めていたが、女子医科大学に在学中、脊椎の持病が悪化して医者の道を諦めることになる。

この病気の影響で不妊の体になり、同時期に父とも死別した彼女は、失意のままヨーロッパに旅立つ。そして旅行中、ロンドンで偶然目にしたスラムが彼女の運命を変えた。多くのぼろ衣姿の極貧生活者たちと、彼らを支援する少しのボランティアの人たち……。悲惨な光景にショックを受けた彼女は、帰国後に社会福祉施設(セツルメント・ハウス)をアメリカで開設しようと心に誓う。

そして一八八九年、アメリカで最も貧困者の多い街のひとつであるシカゴに、福祉支援施設「ハルハウス」を開設する。スラムのど真ん中に位置するその施設へ移り住んだ彼女は、母親不在の子どもや移民たちのため、身の回りの世話から音楽会

ジェーン・アダムズ

などの文化事業まで幅広く活動していく。そのほか公園の建設労働立法など、スラムの生活改善のために必要なことは何でも市当局に要請し、女性の参政権取得のためにも奔走した。

第一次世界大戦について最後まで反対の立場を変えなかった彼女は一九一五年から一九三四年まで平和と自由のための婦人国際連盟の議長を務め、一九三一年にはノーベル平和賞を受賞している。ただし思想家としてではなく、あくまで自らの手足を使って社会活動を実践したところに、彼女が現在でも「近代社会福祉の母」と語り継がれるゆえんがある。

生涯子どもを持つことはなかったが、自伝『ハルハウスの二〇年』に記されている汗まみれの主人公は、確かにアメリカの母としての姿だった。

ジョン・デューイ

実践的な教育理念を掲げ実現した崇高な哲学者

一八五九～一九五二年

ダーウィンの『種の起源』が発表された一八五九年、アメリカのバーモント州でひとりの男児が生まれた。ジョン・デューイという名のその赤ん坊は、のちにダーウィンと同様、世界に名を残すことになる。

成績は平凡で、これといった才能を見せることのなかった少年のデューイだが、大学進学後、ダーウィンの進化論に衝撃を受けたときから偉大な哲学者としての道を歩みはじめる。その後、高校教師をしながら次々と論文を雑誌に発表していき、一八八二年にジョンズ・ホプキンス大学院に入学。哲学を専攻した彼は卒業後、指導者としていくつかの大学で教鞭をとり、哲学や教育の分野において次々と功績を積んでいった。

なかでもシカゴ大学在任中、当時としては異例の附属小学校を設立したことは、のちに「アメリカ教育史上、最も重要な実験」と評価された。彼は教科書と試験中心の受動的な教育ではなく、子どもの能動的な姿勢を促進することを本意とし、児童教育の重要性を訴えたのである。机の上だけでなく園芸、遠足、体育を取り入れ、第一に実践行動を重視した彼の教育理念は、「コモン・マンの哲学」と評される彼

ジョン・デューイ

独自の思想のうえに成り立っていた。それは学者たちよりも一般の人々に目線を合わせた哲学原理だった。一九一九年に来日したときも、自身の民主主義哲学により旭日賞授与を辞退している。

もちろん教育だけでなく、哲学研究においても彼は多くの偉業を果たしている。とくに一九〇三年に同僚と発表した論文『論理学的理論の研究』は高く評価され、これにより「シカゴ学派」が形成された。四十作を超える膨大な著作数からも、彼の哲学への献身がうかがえる。

晩年はサッコ・ヴァンゼッティ事件（百五十九ページ参照）の再審請求やナチズム批判など、社会活動も積極的に展開。死後には百篇近い詩も机の引き出しから発見され、彼の人間思いな性格が再び確認されることとなった。

ベーブ・ルース

アメリカ全土に衝撃を与えた野球界のスーパースター

一八九五〜一九四八年

一九一四年、十九歳になったジョージ・ハーマン・ルースはボルチモア・オリオールズに入団する。まともな教育を受けず、世間知らずのまま顔を出したこの新人をチームメイトたちはこう呼んだ――「ベーブ」。

父親は大衆酒場のバーテンダーで、幼少時から手癖も悪かった。「人間以下の生活だった」という暮らしが変わったのは七歳のとき、カトリック系の孤児施設に預けられてからだった。両親に見放された格好の不良少年はそこで少しの勉強と、たくさんの野球練習に時間を使う。やがて十八歳になるころには、彼より野球のうまい人間は周囲にいなくなっていた。

その後、投手としてオリオールズにスカウトされたベーブは一年目から活躍し、一八年のワールドシリーズでは二十九回連続無失点という記録を生む。しかし彼の本領が発揮されたのは打撃だった。そのころから登板のない日でも野手として打席に立っていた彼は、一九年に二十九本のホームランを打って当時の記録を簡単に塗り替えてしまう。そして翌年、十二万五千ドルという巨額の契約金でニューヨーク・ヤンキーズに移籍した彼は、五十四本ものホームランを記録し、野球界のみな

ベーブ・ルース

らずアメリカ全土に衝撃を与えた。

一躍子どもたちのヒーローとなったベーブだが、彼もまた子どもだった。毎晩のように新しい女を抱き、酒に浸りながら夜を明かした。球場内でも彼の不良性は収まることはなく、観客席へ殴り込むこともあれば、気に入らない審判に喧嘩を売ることもあった。二二年のシーズンでは、実に六回の出場停止をくらっている。

しかしそれでもファンは離れなかった。貧困家庭の出自という経歴を持ち、アイルランド系というマイノリティーの彼が巨額の富を築いたことは、万人が抱くアメリカン・ドリームそのものだったのだ。彼の人生の足跡は、のちに破られる球場内の数々の名記録よりも、人々の脳裏に残るものだった。

チャールズ・チャップリン

アメリカでの成功を約束された世界の喜劇王

一八八九〜一九七七年

とあるロンドンのステージ。舞台袖で母が歌うのを見ていた五歳の少年は、観客の野次で公演が半ば強制的に終わってしまうと、劇場監督に押されてひとりステージに放り投げられた。緊張のなか知っている曲を歌いはじめると、多くの小銭が客席から投げ込まれた。彼はそのお金が気になって歌を途中でやめ、しゃがんで拾いはじめる。すべて拾い集めたところで、嬉しそうにまた曲の続きから歌いはじめた。客席がどっと沸いた——喜劇王チャールズ・チャップリンの初舞台である。

芸人の両親を持つチャップリンはロンドンの貧民街で生まれた。まもなくして父の飲酒癖が原因で両親が離婚すると、彼は新聞の売り子や玩具職人の手伝いをしながら家計を助けた。七歳のとき、母が精神障害を患い入退院を繰り返すようになると、彼は孤児院と貧民街を往来するようになる。家に帰るのもイヤなほど貧しい生活で、ときには路上で眠ることもあった。

彼の運命が大きく変わったのは十八歳のとき。しばしば子役芸人としての仕事もしていた彼は、兄の紹介で大物興行師フレッド・カーノのコメディ劇団と契約する。一流曲芸人としても知られていたカーノは、すぐにこの無口な少年の才能に驚かさ

チャールズ・チャップリン

れた。道化から物真似まで何でも器用にこなすチャップリンは、たちまちカーノ一座の看板俳優となる。

■アメリカで成功することは天命だった

ヨーロッパ中を巡業していた一座は一九一〇年、アメリカに遠征。そこでチャップリンは即座にハリウッドの映画関係者の目に留まり、猛烈なラブコールを受ける。一度はカーノの反対にあい断ったものの、一九一二年に再度アメリカを訪れたとき、彼はこの場所で成功する覚悟をすでに決めていた。「私の天命はアメリカで実現することを直感した」。波止場で彼はこう思った。

撮影所に入ると、あとはもう彼の独壇場だった。「何か扮装してこい」とボスに早速注文された彼は、衣装部屋に到着するころにはもう「チャップリン」のイメージができていた。その日、撮影所内の照明係からカメラマンまで、すべての人間がチョビヒゲにシルクハットの男による即席の演技にくぎ付けになった。

彼が映画界のスターになるまでそう時間はかからなかった。アメリカにやって来てから二年後には、映画会社と週給一千ドルという破格の契約を交わしていた。二十代半ばにして『チャップリンの役者』『番頭』など、彼はヒット作を量産した。

ただし、少年時代の貧苦を忘れていたわけではなかった。「お金持ちになればなるほど、人は貧乏になった気持ちになるんだ」。彼は友人に言った。映画が好きな理由も、入場料が安く、客層の大半が東・南欧やアジアなどからの移民、つまり貧しい人たちであることが大きかった。彼のコメディ演技の核には、母から教えてもらったパントマイムがあり、そこには音楽もセリフもなかった。トーキー（音声の入った）映画が主流になっても、彼は頑《かたく》なにサイレント映画に出演し続けた。

■レッドパージ政策により国外追放される

そんな彼のこだわりを変えさせたのは、戦争だった。プロデューサーとしても取り組んだ作品『独裁者』では、ナチス・ドイツを風刺して六分間も喋り続けた。「私は誰も支配したくない……私たちは機械よりも人間性を必要としている」

彼の出演作は、このころから徐々に政治色が色濃くなっていった。そして四十七年の『殺人狂時代』のころになると、その作風により彼が共産主義者であるとの噂が急速に広まっていた。五二年、レッドパージ政策に燃えていた政府は、ついにこの偉大な喜劇役者を国外追放してしまう。

ヨーロッパに居住を移してからも、彼は映画を撮り続けることをやめなかった。『ニューヨークの王様』『伯爵夫人』とまたもや政治色の強い作品を発表する。もう彼を止める者はおらず、映画はもはや単なるコメディ作品ではなかった。

七二年、アメリカはオスカー賞授賞のためにチャップリンの渡米を許可。場内一斉の拍手のなか、チャップリンは受賞式のステージで歓喜の涙を流していた。

チャールズ・A・リンドバーグ

大西洋の天空を駆けた少年の夢

一九〇二〜一九七四年

チャールズ・A・リンドバーグは一グラムの重荷も許さなかった。六分儀も重い靴も、はてはパラシュートさえも機体に搭載しなかった。彼は大西洋横断飛行が失敗するなら死ぬつもりでいた。自分はこのために生まれてきたのだと信じていた。

一九一九年、ニューヨーク―パリ間の無着陸飛行に成功すれば破格の二万五千ドルの懸賞金を出すという賞金レースが開始された（当時の飛行機は安全性が低く、商業化もしていなかった）。レースの告知を知ったときから、機械好きの少年リンドバーグは大西洋の横断を夢に抱くようになる。

デトロイトで生まれた彼は、ウィスコンシン大学を中退後、飛行士の訓練学校に通いながらアクロバット飛行の見世物をしたり、郵便飛行業務の仕事をしたりして経験を積んでいった。一九二四年に陸軍航空隊へ入隊するころには、死者が続出し、未だ誰も達成できていなかった大西洋単独無着陸横断飛行を計画するようになっていた。その後、セントルイスの実業家たちから出資を受けて機体を完成させると、二七年、賞金レースへの参加登録を済ませる。出場条件には、登録から六十日経ってからの飛行が義務づけられていた。しかし、わずか一ヶ月後に絶好の気候条件が

航路上に整いはじめていた。ここで飛んでも賞金はもらえない。悔しがるリンドバーグに後援者たちは言い放った。
「賞金なんか気にするな、行け」
出発前夜は一睡もできず、搭乗してからの三十三時間も一切眠れなかったという。積荷の重量を抑えるため、彼はたったひとりで操縦していた。そして、ゴールしたとき、パリにはリンドバーグを迎える二十万人の観衆の姿があった。
その後、愛息の誘拐殺人が起こり世界中の関心の的となった。世間の注目から逃れるためイギリスに渡り、帰国後は第二次世界大戦に際して中立を主張。アメリカ参戦後は民間人として協力した。一九五三年、大西洋横断飛行を綴った『スピリット・オブ・セントルイス号』がピュリッツァー賞を受賞した。

ビリー・ホリデイ

「ジャズの女王」の光と影

一九一五〜一九五九年

ビリー・ホリデイとは本名ではない。「ビリー」は好きだった女優のビリー・ダブから、「ホリデイ」は彼女の父からとった芸名だった。彼女が生まれたとき、父はわずか十五歳で、まもなくして妻と娘を捨て去った。

青春時代を送ったのは大恐慌時代のまっただなか。感化院（児童自立支援施設）への入退院を繰り返していた彼女は、食べていくために白人家庭の給仕から売春まで何でもやり、ときには客とのトラブルで刑務所に入れられたこともあった。

ニューヨークでの母親とのふたり暮らしが破綻しかけていたころ、彼女はアパートの家賃を払うためにナイトクラブの店主に会い、歌手として働かせてくれるように頼み込む。音楽は昔からよく聴いていたし、歌にも自信があった。案の定すぐに採用され、その日から舞台に立った。「ただ名前が冴えないので、変えてくれないか」。店主がこう言ったとき、ビリー・ホリデイの伝説がはじまった。

その後、音楽プロデューサーにスカウトされた彼女はレコード・デビューを果たし、三〇年代後半にはカウント・ベイシー楽団などと一緒に巡業するようになる。そしてこのころ発表した楽曲『奇妙な果実』が大きな話題を呼ぶ。

ビリー・ホリデイ

「南部の木に奇妙な果実がなっている……(中略)……飛び出した目、歪んだ口」

これは白人からリンチを受けて木に吊るされた黒人を歌った曲だった。意外にも、この曲は白人の知識層の間でも絶大な評価を受け、アメリカ中に彼女の名を知らしめる出世作となった。

彼女の躍進は止まらなかった。欧州ツアーや映画への出演、ブロードウェイでの連日公演など、その活躍ぶりはまさに「ジャズの女王」。しかし、私生活では結婚と離婚、麻薬常習での逮捕と入院を繰り返し、晩年は飲酒で声帯を壊し、ステージもまともに立てなくなった。

一九五九年、腎不全で倒れ込んだ彼女はついにこの世を去った。本名エリノラ・フェイガン。その幻影、ビリー・ホリデイの葬儀には数千人が押し寄せた。

アーネスト・ヘミングウェイ

釣りと狩猟が大好きだった異色の名文家

一八九九〜一九六一年

イリノイ州の開業医の家庭に生まれたアーネスト・ヘミングウェイは、小さいころから活発な子だった。母親が押しつけたチェロを捨てて外を走り回り、十四歳のころにはアマチュア・ボクサーとして活動するようになっていた。

ようやく本に興味を持ちはじめたのはハイスクール時代。ディケンズやポーを手本として校誌に短篇小説を発表するようになったが、一方でフットボールに夢中になるなど、アウトドア志向の性質は変わらなかった。卒業後、叔父の紹介で新聞社に就職したときから、彼の本格的な文章修行ははじまる。新聞や機関誌に執筆し、二十一歳のころにはヨーロッパで特派員兼作家として活動していた。

一九二六年、戦後アメリカの虚無感をテーマとした作品『日はまた昇る』を発表すると、彼は「失われた世代」の作家として一躍スポットを浴びた。その文体はいかにも体育会系の男らしいサバサバとしたもので、文壇で異色の存在感を放った。

その後も『武器よさらば』『誰がために鐘は鳴る』『老人と海』などのヒット作をマイペースで発表し、五四年にノーベル文学賞を受賞。寡作で知られる彼は、執筆以外の時間は釣りや狩猟に出かけていたという。六一年、愛用の猟銃で自殺した。

ウィリアム・フォークナー

南部社会の業を背負った宿命の小説家

一八九七〜一九六二年

フォークナーの生涯には絶えず曾祖父の濃い影がつきまとっていた。人種差別の根深い南部社会において、地元の名士として知られた曾祖父は「差別する」側だった。齢を重ねるごとに、彼の胸には先祖の行為に対する罪の意識が増していった。つまり、彼が南部地域を題材とした作品を書き連ねたことは、自分の家系が背負う業に対する贖罪《しょくざい》の意味があった。

学校を中退した彼は小説家になったものの、まったく売れなかった。そんな彼も三十四歳のとき「容赦なく書いてやろう」と心に決め、ある作品を発表する。故郷ミシシッピ州をモデルとしたこの作品『サンクチュアリ』は、リンチや強姦など扇情的な内容で埋め尽くされたもので、彼にとって最初で最後のヒット作となった。

この作品を境に、彼は現在に至るまでの南部社会の歴史をより辛辣に綴りはじめ、没落の過程を浮き彫りにしていった。第二次世界大戦で貧困に陥っても書き続け、四九年にノーベル文学賞を受賞しても書き続けた。彼の筆は、死の直前まで止まらなかった。地元ミシシッピの人々は、現在でも二十世紀最大の文豪をつかまえてこう話すという。「あいつはとんでもない嘘つきだ」。

バブル崩壊から大恐慌へ

二十世紀前半〜中頃

〜世界中を巻き込んだアメリカの大不況〜

■需要を無視した過剰生産が大恐慌の原因

一九二九年十月二十四日木曜日、ウォール街ニューヨーク証券取引所で株価の大暴落（暗黒の木曜日）が発生した。これを全米の新聞が報じると投資家は不安にかられ、五日後の火曜日にはさらなる売りが殺到（悲劇の火曜日）。この大暴落は深刻な経済崩壊をもたらし、アメリカは未曾有の大恐慌に陥ったのだ。

では、いったいなぜアメリカに大恐慌が起きたのだろうか。その要因は、皮肉にも二〇年代の「繁栄」が招いた過剰生産であった。

折しも二〇年代前半には農業や石炭生産業の衰退が表面化していたが、連邦政府が適切な措置を怠ったために末端労働者の購買力は低下の一途を辿っていた。このような状況にもかかわらず、投資ブームに便乗した多くの人々が株式に投機し、株価は異様な高騰を見せた。そして需要を無視して大量生産を繰り返した結果、市場には物があふれかえり、企業経営に不安を抱く投資家たちがこぞって株を売り払ったのである。

■企業の破産が相次ぎ、失業率は二五パーセントに達する

消費が減少すれば経営不振によって失業者が増加し、失業者が増加すればさらに消費が減少する……恐慌時のアメリカは完全に負の連鎖に陥っていた。大暴落から一年後、国内だけで千三百五十二行もの銀行が倒産し、かつて世界生産の四割を占めたアメリカの工業生産は半減した。そして一九三三年には失業率が二五パーセント（失業者千二百万人）を突破し、職はおろか住居をも失う人々が続出した。

街にホームレスがあふれた当時、彼らは夜風を凌《しの》ぐ新聞紙を「フーバー毛布」と呼んでいたという。これは恐慌直前、大統領就任式で「未来は希望に輝いている！」と高らかに宣言したハーバート・フーバー大統領に対する精一杯のアイロニーだった。

また、摩天楼の代表たるエンパイアステートビルが竣工したのもこの時期である。同ビルは、その存在感ゆえに「バブル景気の徒花《あだばな》」となった。竣工後もオフィス部分の多くが空室だったことから、マンハッタン

にそびえ立つ超高層ビルを見上げた人々は、口を揃えて「エンプティ（空虚な）ステートビル」と揶揄《やゆ》したそうだ。

このように恐慌は全米に暗い影を落としたが、フーバー大統領が事態を憂慮しなかったわけではない。ただし、彼は古典的経済学を支持していたため、「時間が経てば不況は元の景気に回復する」と考えていた。

この結果、対外政策こそ実行したものの、国内経済を救う術を講じなかった。こうして一九三三年、二選に失敗したフーバーに代わり、フランクリン・ルーズベルトが第三十二代大統領に就任したのである。ルーズベルトは就任直後から矢継ぎ早に政策を発表し、政府主導による「ニューディール政策」を打ち出した。同政策は大きく二種類に分けられる。ひとつは政府が経済活動に積極的に介入する「経済政策」。もうひとつは、失業者を救済して貧富の差を修正する「社会福祉政策」だった。再建の長期化を予想したルーズベルトは、迅速な政策の発表によって、まずは国民の不安を取り除くことを優先したのだ。

■世界中に広がった大恐慌

第二次世界大戦後、世界の金融市場を支配するようになったアメリカは、恐慌が起きる前まで諸外国に対して積極的に投資していた。

二十世紀前半〜中頃

バブル崩壊から大恐慌へ

〜世界中を巻き込んだアメリカの大不況〜

Photo:Hulton Archive/Getty Images/アフロ

「暗黒の木曜日」「ウォール街の悪夢」などと呼ばれる株価の大暴落は世界恐慌を引き起こす。

しかし、恐慌によって財政が悪化したことで、連邦政府は当然の如く対外投資から手を引くことになる。これが欧州を中心とした各国の経済に大きな打撃を与え、「世界恐慌」へと繋がったのだ。

とくにアメリカの投資に支えられていたドイツは深刻で、アメリカ以上の経済崩壊に陥った。また、日本も例外ではなく、輸出量の激減によって企業の倒産や失業者が増加し、農村部では人身売買が横行した。そして全国各地で労働運動が活発化した結果、悪法と名高い「治安維持法」の全面改定が行われている。

当時、主要国のなかで世界恐慌に巻き込まれなかったのは、社会主義国家のソ連だけであった。

フランクリン・ルーズベルト

一八八二〜一九四五年

決断力とリーダーシップに優れたカリスマ大統領

第二十六代大統領セオドア・ルーズベルトの従兄弟にあたるフランクリン・ルーズベルトは、歴代初となる四選を果たした大統領である。

一八八二年、フランクリンはニューヨーク州ハイドパークに生まれた。父のジェームズは鉄道会社の副社長を務めており、毎年ヨーロッパへと家族旅行に出掛けるような裕福な家庭だった。

恵まれた環境で教育を受けた彼は、名門ハーバード大学に進学。さらに卒業後はコロンビア大学のロースクールで法律を学ぶと、その後は法律事務所で働きはじめる。なお、ロースクール在学中に親族のエレノアと結婚しているが、彼女はセオドア・ルーズベルトの姪である。

■障害を乗り越えて州知事から大統領に

一九一〇年、二十八歳という若さでニューヨーク州上院議員に当選。同じ民主党であるウッドロウ・ウィルソンの大統領選に貢献し、一九一三年からは海軍次官に抜擢された。まさに順風満帆といった政治家活動だったが、一九二〇年に副大統領

フランクリン・ルーズベルト

選に破れると、翌年に小児麻痺を患い下半身に障害を抱えてしまう。それからというもの、療養生活を続けながら政治家として活動を続けていたが、数年間は不遇の時代を過ごしている。

しかし、努力の甲斐あって一九二九年にニューヨーク州知事に就任。そしてニューヨーク証券取引所では、まるで彼の復活を待っていたかのように株価の大暴落が発生した。

恐慌に対してフランクリンは、州政府による積極的な救済策を訴えた。当時、多くの政治家は自由放任主義的経済政策に則り、「経済に対して政府が過剰に干渉するべきではない」と考えていた。しかし、彼は従来の不況とは異なる大恐慌の被害を予見し、社会民主主義ともされる経済政策を主張したのである。

こうして、フーバー大統領に対する世論の不信感も追い風となり、フランクリンは圧倒的勝利で選挙に当選した後、一九三三年、第三十二代大統領に就任したのだ。

■就任後わずか百日で、次々と法案を成立させる

緊急銀行救済法、テネシー川海域の公共事業、農業調整法……彼は就任から百日間で次々と経済政策を発表していった。現代の日本と比較するのは間違っているかもしれないが、ひとつの法律を制定するためにときに数年間も議論が続くことは珍しくない。それを踏まえると、わずか百日間で複数の法案を成立させたことは驚異

的といえる。

結果からいえば、アメリカ経済は一九三九年の第二次世界大戦勃発まで低迷を続け、ニューディール政策が成功したかというと、不明である。しかしながら彼の決断力とリーダーシップは賞賛に値し、国民が彼を支持し続けたことは、前人未踏の「大統領四選」を果たしたことからも明白である。

■アメリカ国内の日系人を強制収容所に閉じ込める

ルーズベルトが世論に支持されていたと説明したばかりだが、実は人種によって彼の評価は変わる。その代表的な例は、第二次大戦時に見られた日系人の強制収容だった。

日本との開戦にあたってアメリカ国内の日系人を「危険分子」と見なし、合衆国陸軍は十二万人もの日系人を強制収容所に閉じ込めている。この際、彼らの財産も没収され、被害総額はおよそ四億ドルと推定される。

こうした強硬的な姿勢は、彼が戦後最も拒否権を発動（在任中に六百三十五回）した大統領という事実からもうかがい知れる。

なお、この強制収容は終戦から四十年以上が経過した一九八八年、連邦議会によって「不当だった」と認められ、合衆国は日系人に対して公式に謝罪。生存する被収容者全員にひとり当たり二万ドルの補償金支払いが決定されている。

アル・カポネ

裏社会を支配したアメリカン・マフィアの大ボス

一八九九～一九四七年

一八九九年、ニューヨーク市ブルックリン区の貧民街にひとりの赤子が誕生した。アルフォンスと名付けられた元気な少年は、のちにシカゴのギャングスターとして禁酒法時代の暗黒街を牛耳る「アル・カポネ」であった。

■ニューヨークのボスに見出され暗黒街の処世術を叩き込まれる

イタリア系移民の四男として生まれたカポネだが、一族はイタリアン・マフィアとは無関係であり、彼自身はアメリカ人であることを誇りに感じていたという。

幼いころから問題児だった彼は、教師と口論した際に殴り合いの喧嘩となり、いつしか学校に通わずニューヨークの街を遊び回るようになった。そこで出会ったのが、当時ニューヨークのボスにして義賊としても知られた「ブルックリンのプリンス」フランキー・イェールだった。

すでに拳銃の扱いにも慣れていたカポネは、イェールに気に入られて本格的にギャングの仲間入りを果たすことになる。彼はイェールが経営するバーの用心棒兼バーテンダーとして働きながら、暗黒街の処世術を叩き込まれた。

アル・カポネ

一九二〇年、イェールの命令で彼はシカゴに渡り、かつて世話になったジョン・トーリオの組織に加わった。もともとイェールとカポネを引き合わせたのはトーリオであり、トーリオはカポネに先だってブルックリンからシカゴに移っていた。

折しもカポネがシカゴに移った一九二〇年は、アメリカ全土で禁酒法が制定された年だった。この禁酒法に目をつけたカポネたちは、繁栄の二〇年代のアメリカで暗躍することになるのだ。

■密造酒と密売で大儲け

そもそも禁酒法は、その名称とは裏腹に規制の甘さが目立っていた。飲酒そのものは禁止されず、アルコール類の製造や販売、輸入のみを取り締まる「ザル法」だったのだ。そこでギャングたちは当然のように密造酒と密売を繰り返し、巨億の富を稼ぎ出すようになった。

しかし、「正規のビジネス」が「裏組織による運営」に取って代わることは、同時に「酒屋間の競合」から「ギャング間の抗争」に変化することを意味していた。禁酒法はギャングの懐を潤わせたばかりか、治安の悪化をも招いたのだ。

こうして組織間の抗争がはじまり、トーリオと組んだカポネは着実に敵対組織を潰していった。敗れ去った組織のなかにはニューヨーク時代の「恩人」イェールもいて、彼はカポネが雇った殺し屋によって命を落としている。

そして、ついに敵対組織を一掃したカポネは、引退を決めたトーリオから縄張りと利権を譲り受け、シカゴ暗黒街の新しいボスとして君臨したのである。

■「悪夢の終わり」の始まりは「聖バレンタインデーの虐殺」

権力と財力を手にしたカポネはシカゴを意のままに操った。彼に買収された政治家や警察官も多く、カポネ一味を糾弾した新聞社に至っては会社ごと買収される。一方、ホームレスに無料で食事を提供したエピソードが知られているが、経費は地元の飲食業者に支払わせていたという説もあり、真偽のほどは定かではない。

ともあれシカゴを席巻していたカポネだったが、一九二九年二月十四日、敵対組織七人を闇に葬った「聖バレンタインデーの虐殺」が明るみに出ると、ようやく地元警察や連邦司法当局も重い腰を上げることになる。そして同年五月、ついにアル・カポネは逮捕された。しかしこの逮捕劇は、敵の増えたカポネが刑務所に逃げ込むため、故意に捕まったのではないかとも囁かれている。

一九三一年、殺人の立件が困難だったために脱税で起訴されたカポネは、懲役十一年の判決を受けた。刑務所では梅毒に冒され、病状が悪化してからは連邦矯正施設で刑期を過ごしたという。出所後、彼は病院へと直行したが、すでに手の施しようがなく、一九四七年にフロリダの別荘で病死した。新聞各紙はこぞってカポネの死を報じ、見出しには「悪夢の終わり」の文字が躍っていた。

歴代大統領も怖れた伏魔殿の独裁者

ジョン・エドガー・フーバー

一八九五〜一九七二年

連邦捜査局（Federal Bureau of Investigation）――またの名を「ＦＢＩ」。一九二四年、ジョン・エドガー・フーバーはＦＢＩの前身であるＢＯＩ（捜査局）の長官に就任した。当時二十九歳という若さで政府機関のトップに立った彼は、実に死ぬまでの四十八年間その座に君臨し続けた「独裁者」だった。

在任中、フーバーはＦＢＩの近代化に大きく寄与したが、その裏では職権である情報収集能力を「最大限に悪用」していた。有名人や政治家に幾度となく圧力をかけたほか、保身のために大統領を脅すこともあったという。

ケネディ大統領から辞任を迫られた際には、彼の女性遍歴やマフィアとの関係を提示し、長官継続を黙認させたといわれている。

■当時では珍しい実力主義による人事改革

ただし、長官としてのフーバーはきわめて非凡な人物だった。就任当時、まだ組織としては小規模だったＦＢＩを積極的に再編。年功序列制度を廃止し、若く優秀な人材が揃うエリート集団に仕立て上げたのだ。

ジョン・エドガー・フーバー

二〇年代後半はギャングの取り締まりに尽力し、第二次世界大戦中はスパイを摘発。冷戦以降は共産主義者の調査（いわゆる「赤狩り」である）などを進め、時代に適応した職務を遂行してFBIの地位を確固たるものにした。

だが、先述の通り職権乱用を繰り返したため、彼には黒い噂がつきまとっていた。マフィアとの密接な関係が囁かれたこともあり、職務上の理由から活動が不透明な組織のため、当時のFBIは「政界の伏魔殿」の様相を呈していたのである。

結局、FBIに蔓延する職権乱用の慣習はフーバーの死によって浄化されはじめたが、未だ完全な是正には至っていないという。現在のFBI本庁は、彼の名にちなんで「ジョン・エドガー・フーバー・ビルディング」と呼ばれている。

連邦政府と州政府の微妙な関係

◆独立した権限を持つ国家としての州政府

日本と比べて、アメリカの地方政府（州政府）の権限は非常に強い。これには合衆国成立時、圧倒的な中央政府を望む連邦派と、各州の自治権を守ろうとする反連邦派との論争の結果として、州政府の権限が守られたという経緯があるためだ。

連邦政府が権限を有するのは、憲法に明記されている通貨鋳造権や帰化法の制定権など。また記載はない国際法上の対外関係についても、条約締結権や通商問題の処理などが連邦政府に委ねられている。かたや黙示的なものも含め憲法が連邦政府に付与していない権限については、すべて州政府に委譲されている。それは国立学校の設立などの教育関係から死刑制度に至るまで、驚くほど多岐に渡っている。

■ 本当にある!?　珍条例の一部

法律内容	実施州
飛行機に乗って狩猟をしてはならない	テネシー州
投票用紙は5分以内に記入しなければならない	アーカンソー州
承諾なしで恋人にみだらな囁きをしてはならない	サウスカロライナ州
暴言を吐かれたら殴ってもよい	ジョージア州
自分の会話を盗聴したら重罪	イリノイ州
鳥の羽毛を染めてはならない	インディアナ州
カタツムリ、象、ナマケモノを飼ってはならない	カリフォルニア州
熊にレスリングの練習をさせてはならない	アラバマ州
65歳まで従兄弟と結婚してはならない	ユタ州

第六章
超大国の席巻

第二次世界大戦

～多くの犠牲を生んだ史上最悪の大戦争～

二十世紀中頃

■第二次世界大戦は世界恐慌の延長線上にあった

二十世紀前半は世界規模の大戦が二度も勃発した壮絶な時代だった。きわめて簡潔に述べれば、第一次世界大戦は「経済発展」が原因であり、第二次世界大戦は「経済崩壊」によって引き起こされたともいえる。これは経済が外交に及ぼす影響の高さを物語るものであり、個人レベルでいえば、いつの世も「カネ」が人の心を狂わせているのだ。

アメリカの対外投資が打ち切られ、壊滅的な状況に陥ったドイツは、一九三三年一月に新しい局面を迎えた。それはナチス政権の誕生……「稀代の独裁者」アドルフ・ヒトラーの首相就任だった。

ベルサイユ条約を破棄して軍隊再編によるドイツ勃興を唱えたヒトラーは、一九三八年に軍事力を背景にオーストリアを併合。翌年にチェコスロバキアを支配下に置くと、ヨーロッパは緊迫した空気に包まれた。

そして三九年九月、ドイツ軍のポーランド侵攻に対し、ついにイギリスとフランスが宣戦布告。第二次世界大戦が幕を開けたのである。

■アジアとヨーロッパの戦争を結びつけたアメリカの参戦

一方、アジアでは一九三七年から日中戦争が勃発していた。

アメリカはこの戦争の二年前に、交戦国には軍需品を輸出しないことを定めた「中立法」を成立させている。ところが、ルーズベルト政権は日中戦争に対して同法を適用しなかった。これは、日中戦争が宣戦布告なしに開始された「事変」だった（公式な「戦争」ではないと判断された）こともあるが、日本の中国占拠に異を唱えたイギリスやアメリカが、中華民国の蒋介石政権に軍需品を支援するためだった。

これによって日米間の溝は深まり、日本は一九四〇年に「日独伊三国軍事同盟」を締結してアメリカを牽制。対するアメリカは日本への軍需物資規制を開始した。そして一九四一年八月に石油の輸出を止められた日本は、同年十二月七日（ハワイ時間）にハワイ・オアフ島への奇襲「真珠湾攻撃」を決行したのだ。

当時、オアフ島のアメリカ海軍基地は太平洋の覇権を握るための重要拠点だった。それゆえ同基地の警備も万全だっただけに、日本軍の奇襲成功はアメリカに大きな衝撃を与えた。大国としてのプライドを傷つけられ、怒りに燃えたアメリカは、真珠湾攻撃の翌日、日本に宣戦布告。

こうして第二次世界大戦は、アジア諸国をも巻き込んだ「太平洋戦争」を引き起こし、まさに世界規模の大戦となったのである。

■大恐慌を救った戦争特需、大戦を終結させた原子爆弾

アメリカにとって中立法は、第一次世界大戦の反省を生かした孤立主義の政策だった。しかし、日中戦争時に中国を支援したように、ドイツ軍の前にイギリスが劣勢に立たされた際にも、アメリカはイギリスに武器弾薬や駆逐艦を提供している。

このように中立法に矛盾する行動をとったアメリカだが、一九四一年にドイツら軍国主義国家と戦う連合国軍に対して、軍需品を供給する「武器貸与法」を正式に制定。アメリカは孤立主義と公式に決別し、今日へと続く「国際情勢に積極的に関わる方針」を固めることになった。

また、折しもアメリカは大恐慌から一転して好況を迎えていた。連合国への軍需品の生産が拡大し、深刻な失業問題を克服。ニューディール政策でも回復の兆しが見えなかったアメリカ経済は、幸か不幸か戦争に

二十世紀中頃

第二次世界大戦

～多くの犠牲を生んだ史上最悪の大戦争～

日本を世界で唯一の戦争被爆国たらしめたヒロシマ、ナガサキへの原子爆弾投下。

Photo:Hulton Archive/Getty Images/アフロ

よってよみがえったのだ。

さてアメリカ参戦後の戦況だが、長期化したものの兵力で上回る連合国軍が次第に優勢となっていった。

一九四三年九月にイタリアが投降し、四五年四月にはドイツが無条件降伏。敵軍の主要国では日本のみがアジアで戦闘を続けていたが、アメリカが秘密裏に開発していた最終兵器「原子爆弾」が二度に渡って投下された結果、日本は四五年八月十五日にポツダム宣言を受諾し無条件降伏したのである。

こうして史上最大にして最悪の戦争は幕を閉じた。参戦国六十ヶ国以上、犠牲者は当時の世界人口の約二・六パーセントに相当する六千万人だった。

ハリー・S・トルーマン

歴史の変革期を駆け抜けた原爆投下決定の大統領

一八八四〜一九七二年

一九四五年四月十二日、脳卒中で急死したフランクリン・ルーズベルト大統領に代わり、副大統領から昇格したハリー・S・トルーマン。

ほぼ無名に近い副大統領だった彼が一転、ルーズベルトのマンハッタン計画を受け継いで原爆投下の決断を迫られた結果、「日本に原爆を落とした大統領」としてその名を歴史に刻むことになった。そしてまた、大戦直後の動乱期に指揮をとり、はからずも重要な責務を担ったのである。

■倹約の成果が認められて副大統領に

トルーマンは第一次世界大戦に従軍したあと、ミズーリ州カンザスシティの民主党実力者ペンダーガストに見込まれて政界入りを果たした。

ジャクソン郡の判事を務めたのち、一九三四年にペンダーガストの支援を受けて連邦上院議員に当選。ルーズベルト大統領のニューディール政策を支持し、軍事費の不正使用を調査して突き止めるなど、恐慌時における倹約に尽力していた。

こうした成果が認められたトルーマンは一九四四年、四選目に挑むルーズベルト

によって副大統領候補に指名されたのだ。

ところが、副大統領就任からわずか八十二日後、ルーズベルトの急逝によって第三十三代大統領へと昇格。きたるべき激動の時代に向けて、アメリカの未来はトルーマンの双肩に託されたのである。

■原爆投下決定を巡る疑惑

さて、第二次世界大戦（太平洋戦争）の終結を決めた日本への原爆投下だが、その最終判断を下したのはもちろんトルーマンだった。この際、彼は国内の共和党議員よりも先に、ソ連首相のスターリンに原爆使用の旨を報告するという不可解な行動をとっている。

「日本軍の抵抗が続いた場合、原爆使用もやむなし」との考えは、故ルーズベルト大統領の意志である。しかしトルーマンが原爆投下を決定した背景には、実は多様な思惑があったとされる。

これら一連の行動の思惑として第一に、原爆投下に反対する共和党議員との衝突を直前まで避けるため（共和党議員が原爆投下の事実を知らされたのは決行二日前）。第二に、アメリカの力を見せつけ、戦後に予想されるソ連との覇権争いを優位に運ぶため。そして第三に、副大統領から昇格した大統領として、改めて国内に自身の存在感を誇示するため、の三つが挙げられている。

しかしながら、二発も原爆を投下する必要があったのかは疑問が残る。たしかに広島と長崎に投下された原爆は、それぞれ種類が異なるものだったため、その効果を確かめようとした可能性は高い。だが一説によれば、トルーマンは計十八発の原爆投下を承認していたともいわれ、その一方では三発目の投下予定に断固として反対したともいわれている。

いずれにせよ真相は藪の中だが、のちにトルーマンが水爆の開発を発表している事実（一九五三年）だけは付け加えておきたい。

確かな政治手腕を有した優れた指導者

国際連合の創設や戦後処理に尽力したあと、トルーマンは一九四七年に「トルーマン・ドクトリン」を発表。共産主義国家との対立を正式に宣言し、冷戦を決定的にしたのだ。そして四九年には北大西洋条約機構（NATO）を結成し、五〇年に勃発した朝鮮戦争では北朝鮮と戦うため韓国に派兵を決定した。また、内政面ではニューディール政策を継承した「フェアディール政策」を提唱し、国防総省や中央情報局（CIA）を設置。さらに公民権の擁護を唱えて改革に尽くしたことでも知られている。

内外にあらゆる政策を講じたトルーマンを、優れた指導者として評価する者も少なくない。

J・ロバート・オッペンハイマー

ヒロシマとナガサキの悲劇を背負い続けた「原爆の父」

一九〇四〜一九六七年

「原爆の開発に関与し、成功したことへの後悔はありません」

一九六〇年、日本を訪問したオッペンハイマーは、原子爆弾を発明したことについて尋ねられ、こう答えたという。別に彼は開き直っていたわけではない。むしろ自身が生み出した核兵器の破壊力を痛感していたし、また、日本にもたらした甚大な被害とその罪を受け入れていた。

ハーバード大学を首席で卒業したオッペンハイマーは、その後も欧州で複数の名門大学に通い、理論物理学者として研究を続けた。そして一九四二年、彼は連邦政府の「マンハッタン計画」により、ロスアラモス研究所で原子爆弾開発の責任者に選出されたのだ。かくして彼は世界初の核兵器開発に成功し、同時に日本は第二次世界大戦を経て唯一の戦争被爆国となった。

終戦後、彼は武器戦略の権威と崇められたが、のちに浮上した「水素爆弾」の開発に対しては猛反対している。そもそも彼は「核兵器は軍事戦略の手段であり、使用せずに所有することで効果を発揮する」と考えていた。だからこそ、日本に原爆が投下されたことに強い絶望を感じていたのだ。

しかし、水爆開発の反対でトルーマン大統領の不評を買った彼は、赤狩りによって「国家機密を漏洩したソ連のスパイ」と、身に憶えのない罪で告発されてしまう。のちに無実が証明されたが、引き続き危険分子と見なされ、国家機密に関わるすべての権利を剥奪されている。

そして日本を訪れた際、彼は冒頭の発言に続けてこんな言葉を残したのだ。

「人類が科学をどう利用しようとも、科学者という生き物は、科学の進歩を止めることができない」

晩年の彼は世界各地で講演したが、科学者として核兵器を語ることはなかった。戦争と政治に振り回された「原爆の父」は、科学の在り方に警鐘を鳴らし、ヒロシマとナガサキの悲劇を背負い続けることを贖罪《しょくざい》としたのかもしれない。

ダグラス・マッカーサー

一八八〇〜一九六四年

軍事的才覚とカリスマ性を兼備した稀代の元帥

レイバンのサングラスとコーンパイプ——。

ふたつのトレードマークで知られるダグラス・マッカーサーは、その風貌のみならず、性格や功績においても異彩を放つ軍人だった。

一九三〇年、マッカーサーが史上最年少（五十歳）で陸軍参謀総長に任命された際、フランクリン・ルーズベルトは「彼ほど魅力と伝説と堂々たる風貌に恵まれた男はほかにいない」と、手放しの賛辞を呈したという。

■アメリカ史上、類を見ないスピード出世

一九〇三年、ウェストポイント陸軍士官学校を首席で卒業したマッカーサーは、その二年後に来日。父アーサー・マッカーサーJrが駐日アメリカ大使館武官となり、彼はその副官に任命されたのだ。

その後、第一次世界大戦では十五の勲章を貰って少将に栄進し、士官学校の校長やアムステルダム五輪（一九二八年）の選手団長を歴任。そして一九三〇年、フーバー大統領によって陸軍参謀総長に任命されるなど、華々しい昇進を遂げていく。

ダグラス・マッカーサー

大恐慌時の一九三二年、恩給の先払いを求めた退役軍人がワシントンDCに居座る事件（ボーナスアーミー）が発生した際には、マッカーサーは軍隊を率いてこれを鎮圧している。彼は共産主義を徹底的に嫌い、このボーナスアーミーも共産党の暗躍が原因だと「自己判断」し、率先してデモの鎮圧を申し出たのだ。また、ルーズベルト大統領が軍事予算削減を仄《ほの》めかした際には、大統領を共産主義者として露骨に批判し、ルーズベルトを激怒させたという。

このように、しばしばマッカーサーには独善的な一面が垣間見られ、相手の立場を問わず衝突を繰り返すことがあった。しかしながら、それを差し引いても余りある軍事的才覚とカリスマ性を持ち、一九四一年には極東軍司令官として太平洋戦争の指揮をとっている。

ちなみに彼にこの要職を与えたのは、ほかならぬルーズベルト大統領だった。実はマッカーサーは一九三七年に退役していたのだが、彼以外に適任者がいなかったためにルーズベルトが呼び戻したのである。

■大統領のポストを狙って日本の再建を急ぐ

太平洋戦争でも武勲をあげた彼は、一九四四年の戦時中に元帥へと昇進。そして日本の敗戦後に米太平洋軍総司令官と連合国最高司令官を兼任すると、一九四五年八月三十日、マッカーサーは占領政策を実行する「征服者」として、再び日本の地に足を踏み入れたのだ。

彼は連合国総司令部（ＧＨＱ）の指令を通じて迅速に日本の非軍事化や民主化を進め、戦後の日本復興に大きな功績を残した。しかし、彼が任務遂行を急いだ理由は日本のためではなく、大統領選の出馬を目論んでいたからだったともいわれている。現役軍人は大統領になれないため、彼は再三に渡ってアメリカ本国に占領の終了を呼び掛けていた。だが、結局は共和党候補の予備選挙に敗れ、大統領選においては民主党の現職大統領トルーマンが二選を果たしている。

■朝鮮戦争の戦略を巡って更迭される

一九五〇年、ソ連の後ろ盾を得た北朝鮮が韓国に侵攻し朝鮮戦争が勃発。トルーマン政権は共産主義国に対抗するべく、マッカーサーを国連軍最高司令官に任命してアメリカ軍を派兵した。

しかし、戦況が進むにつれて彼はトルーマンと意見が対立。過剰な侵攻を控えたいトルーマンに対し、マッカーサーは満州への空爆や核兵器の投入を執拗に迫った。そして一九五一年四月十一日、戦争の拡大を望むマッカーサーを危険視したトルーマンは彼の解任を決めたのであった。

帰国後、彼はワシントン市内でパレードを行った。解任を惜しむ民衆が押し寄せた結果、実に首都建設以来の規模となる五十万人が惜しみない拍手を送ったという。

冷戦の幕開け
〜世界を二分した米ソの対立〜

二十世紀中頃〜後半

■戦後の枠組みを決めたヤルタ会談

一九四五年二月、アメリカのフランクリン・ルーズベルト大統領、イギリスのチャーチル首相、ソビエト連邦の最高指導者スターリンによる首脳会談（ヤルタ会談）が行われ、第二次世界大戦の戦後処理について話し合われた。その結果、米ソ英の三ヶ国（後に仏も参加）によるドイツの分割統治など、主に欧州の戦後処理を定めたヤルタ協定が発表される。また、裏ではドイツ敗戦後にソ連が対日参戦すること、南樺太《からふと》、千島列島をソ連へ引き渡すことなどの密約（極東密約）が結ばれた。

戦後世界の枠組みを決めたヤルタ体制のもと、アメリカが中心の資本主義陣営とソ連が中心の共産主義陣営の間で、東西冷戦が幕を開ける。

一九四七年、トルーマン大統領が一般教書演説で「武装勢力、外圧に

冷戦の幕開け
～世界を二分した米ソの対立～

よる征服に抵抗する自由な民族を支援する」と宣言（トルーマン・ドクトリン）し、イギリスに代わり、共産主義勢力からのギリシアとトルコの防衛を引き受けた。これによりアメリカは、モンロー主義を捨て、アメリカ大陸以外にも介入を進める政策へと転換する。

また、ジョージ・マーシャル国務長官が「大戦で大きな被害を被った欧州各国の戦後復興を援助する」というマーシャル・プランを発表。表向きは復興援助だが、復興協力により親米感情を植え付け、西欧諸国の経済力を強化し、ヨーロッパにおける共産主義勢力を食い止めることを目的としていた。言わずもがな、ソ連および東欧諸国は復興援助を拒否し、西欧諸国のみがアメリカの援助により急速な復興を果たした。

一九四八年、占領政策や戦後賠償の問題で相互不信となっていた米ソ両国は、ドイツの首都ベルリンの支配権を巡って対立する。米英仏が統治する西ベルリンは周囲をすべてソ連統治領に囲まれている飛び地だったため、ソ連は米英仏撤退を狙い、鉄道、道路などすべてをストップし西ベルリンを完全封鎖する。しかし、米英は協定により自由に利用できる空路を使い、燃料、食料など必要物資を空輸することで対抗したため、ソ連側の封鎖は効果をあげられず約一年後に解除された。

米英仏は一九四九年五月にドイツ連邦共和国（西ドイツ）を建国。対抗するようにソ連も同年十月にドイツ民主共和国（東ドイツ）を建国し、ドイツは長い間東西に分割されることになる。

アジアでも米ソの対立は深まり、中華民国ではアメリカの支援する国民党がソ連の支援する中国共産党に敗れ、共産主義の中華人民共和国が誕生する。一九五〇年には、ソ連と中国の支援を受けた北朝鮮の大韓民国への侵略により朝鮮戦争が勃発。フランス領インドシナではベトナムの共産勢力が独立を求め第一次インドシナ戦争がはじまり、その戦火はラオス、カンボジアにも飛び火し独立運動が活発化した。

アジアにおける共産主義の台頭に脅威を感じたアメリカは、アジア・オセアニア諸国と相次いで防衛や安全保障に関する条約を締結。一九五四年には東南アジア条約機構（SEATO）、中東でもバグダッド条約機構（METO）を設立し、共産主義勢力の伸張に対抗した。

一九五六年、ソ連の共産党大会で、第一書記ニキータ・フルシチョフはスターリンの独裁体制と粛正を批判。外交政策を軟化させ、西ドイツと国交を樹立、日本とも国交を回復し、フルシチョフ自身が訪米するなど冷戦の雪解けムードを演出した。

しかし、米ソの敵対的競争が終わったわけではなかった。一九五七年十月四日、ソ連がスプートニク一号の打ち上げに成功。ミサイル技術に

冷戦の幕開け
〜世界を二分した米ソの対立〜

直結するロケット技術で先を越されたアメリカは、「スプートニク・ショック」と呼ばれる衝撃を受け、宇宙開発に力を注ぎはじめる。

一九六一年、西ベルリン経由で大量の東ドイツ市民が亡命していることをうけ、フルシチョフは米英仏の西ベルリンからの撤退を強硬な姿勢で求めた。ケネディが撤退要求を拒否したため緊張が高まるなか、同年八月十三日、東ドイツ軍は東西ベルリンの境界線に鉄条網を設置し、通行を禁止。鉄条網はのちに強固な壁に変わり、かの有名な「ベルリンの壁」が出来上がる。これにより東西ドイツは完全に分断される。

そうして迎えた一九六二年は、世界がもっとも核戦争に近づいた年となる。十月十四日、フィデル・カストロらによる革命で社会主義国家となったキューバに、ソ連が核ミサイル配備を進めていることをアメリカが察知したのだ。二十二日、アメリカは全世界にキューバにおける核ミサイル配備を公表すると同時に、キューバの海上封鎖を実施。米ソ両軍は準戦時体制へと移行し、核ミサイルの発射準備も整えられた。

二十七日には、キューバを偵察飛行中のアメリカ軍機が撃墜され、ソ連潜水艦隊とアメリカ艦隊が海上封鎖線に集結したことでさらに緊張は高まるが、二十八日、両国首脳が相互の要求を呑むことで合意し、キューバのミサイルは撤去され、戦争は回避された。

ドワイト・D・アイゼンハワー

一八九〇～一九六九年

軍産複合体制に警告を発した欧州戦線の英雄

第二次世界大戦において、太平洋戦線の英雄がダグラス・マッカーサーならば、ヨーロッパ戦線の英雄はいうまでもなくドワイト・D・アイゼンハワーである。一九四四年六月、連合国軍最高司令官だったアイゼンハワーは、ドイツに占領された西ヨーロッパ地域への侵攻作戦「ノルマンディー上陸作戦」を指揮し、ノルマンディー地方を制圧し、連合軍勝利への道を開いた。

■反共政策を進めながらも冷戦の緊張緩和に尽力

第二次大戦を連合国の勝利に導き、リーダーシップと外交能力を買われたアイゼンハワーは、北大西洋条約機構（NATO）の軍最高司令官（一九五〇年）を経て、一九五三年に第三十四代大統領に就任。政治経験は浅かったが、大戦の英雄として支持を集めた結果、それまで二十年間続いていた民主党政権を破り、共和党政権を打ち立てた。大統領就任後、外交面では反共政策を基本路線とし、アジア諸国の共産主義化を防ぐために東南アジア条約機構を結成したほか、NATOの強化や大量報復戦略、レバノン派兵を進めた。

反共主義を掲げる一方で共産主義国との過剰な争いや第三次世界大戦を避けようとしたアイゼンハワーは、朝鮮戦争の早期締結（一九五三年七月休戦条約調印）に努めたり、原子力の平和利用や軍備縮小を提案したりと、冷戦期における緊張緩和にも尽力している。

内政面ではアーカンソー州リトルロック・セントラル高校における黒人生徒登校阻止の暴動に対し連邦軍を派遣して黒人生徒を登校させ、人種統合を進めることに貢献した。

大統領告別演説では、軍需産業、軍、政府の連合体である軍産複合体がアメリカの民主主義体制を脅かすと警告を発した。結果的に、今日のアメリカの現実を予測することになったこの発言で、彼は評価を高めたともいえる。

ジョン・F・ケネディ

数々のハンディを乗り越えた新しいタイプの政治リーダー

一九一七〜一九六三年

アイルランド移民の祖先を持つジョン・F・ケネディは、一九一七年ボストンに生まれた。祖父は州議会議員、父は銀行界や映画界で富を築いた事業家兼駐英大使と、ケネディ家は地域で名門として知られる一族だった。

ケネディは幼少時代から病弱で、生涯を通じてなんらかの病気と戦っていた。しかしそのことが、政治家を目指すきっかけとなる。家にいることが多く、ベッドで歴史書を読みながら、彼はいつからか大統領になる夢を抱くようになっていた。

一九三六年にハーバード大学へ進学した彼は、父のつてを頼ってヨーロッパを外遊。その経験を活かして書いた卒業論文は、のちに『英国はなぜ眠ったか』と題して出版され、アメリカとイギリスで八万部以上の売上を記録するベストセラーとなった。イギリスの内政について書かれたその本には、すでに彼の鋭い政治的観察力が開花していたのである。

第二次世界大戦中は父のコネクションで海軍情報部に身を置き、除隊後も父の手回しで新聞の特派員となり、サンフランシスコでの国際会議などを取材。ことごとく親の援助を頼った彼だったが、後ろめたさはなかった。病弱体質を除き、幼少期

ジョン・F・ケネディ

から不自由なく生きてきた彼にとって、体裁や名誉など些細なことに過ぎなかった。

彼が望んだのは、自身が大統領として高度な政治力を発揮することだけだった。

果たして一九四七年、家族の支援を受けて連邦下院議員となると、一九五二年にはマサチューセッツ州の連邦上院議員に当選。途中マラリアの発症により生死をさまようこともあったが、着実にホワイトハウスへの道を歩んでいく。

■全く新しいタイプの大統領の誕生

一九五三年に記者のジャクリーンと結婚し、公私ともに順風満帆だった彼の生活だが、一九五四年に持病となっていた脊髄の痛みが悪化する。

大手術を要するほどの病状で仕事どころではなかったが、彼はじっとしていなかった。妻に膨大な資料収集を頼み、ベッドの上で高名な政治家の英断を取りまとめた『勇気ある人々』を執筆。一年以上に渡る療養生活の間、彼は一時も大統領への夢を諦めたことはなかった。

その後一九五六年に出版されたこの本はたちまち政界でも評判となり、五七年にはピュリッツァー賞を受賞。賞金の全てを黒人の大学に寄付したことも含め、このことは国民の間にも強い印象を与え、彼が民主党代表として大統領選に送り出されるきっかけとなったのである。

そして一九六〇年、生死に関わる持病、四十三歳という年齢的未熟、マイノリティーであるカトリック教徒というハンディを背負いながら、彼は大統領選に勝利した。強度の近眼だったがインテリに見られることを嫌い、テレビ演説や就任スピーチでは眼鏡を外して強気な発言を繰り返した。

「自分のために国が何をしてくれるかを考えてはいけません。自分が、国のために何ができるかを考えてください」

「私は国民に犠牲を要求しているのであって、安楽を提供するつもりはない」

企業や国民の顔色ばかりをうかがうこれまでの大統領とは異なる、今までにないタイプのリーダーの誕生に大衆の期待は膨らんだ。

高齢化社会への福祉支援、エスカレートする黒人差別の撤廃、郊外の住宅不足の解決など、国内の課題は山積していた。彼はニューフロンティア政策を掲げてこれらの問題に手をかけていったが、いずれも目的は中途のまま果てた。一九六三年十一月、夫人とテキサス州ダラスをパレード中に暗殺（暗殺者には諸説あり）され、彼の短い人生の幕は閉じてしまったのだ。

共産主義を敵対視する議員が多いなか、ソ連のフルシチョフ首相に歩み寄り、核実験停止条約の締結に成功したわずか四ヶ月後のことだった。

死後、愛人関係がマスコミに暴露されても、アメリカ国民は彼を愛し続けた。大衆に犠牲を要求しながら、自らが最初の犠牲者として兵士のように死んでいった彼の姿は、人々の目蓋《まぶた》からたやすく消えることはなかったのである。

ジョゼフ・マッカーシー

反共産主義を掲げ、国民を誘導した戦略政治家

一九〇八～一九五七年

十代のころからブロイラー業を営んでいたジョゼフ・マッカーシーは、ある日、一万羽の鶏が病死したことにより全財産を失う。途方に暮れた彼は、社会での信用を得るため、二十歳を過ぎてから初めて高校に通いはじめることにした。その後猛勉強の末、九ヶ月で全単位を取得した彼は、成功への執念に燃えていた。ロースクール卒業後、意気込んで弁護士業をはじめるものの、商売はまたもや失敗続きだった。しかしもうあとには退けず、一九三八年、郡判事に立候補した彼は、「勝ち」に徹した。選挙相手の経歴詐称を口やかましく喧伝する戦法で、強引に勝利を収めたのである。

■マッカーシズムに飲み込まれたアメリカ社会

がむしゃらな姿勢で判事の座を奪った彼は、仕事ぶりも荒っぽかった。ときには五分で判決を下すこともあり、判決待ちの二百五十件の裁判を次々と処理していった。

その後、第二次世界大戦で海兵隊員として任務に就いていた経歴を誇張し、「銃

ジョゼフ・マッカーシー

撃手ジョー」の宣伝文句で共和党議員に立候補。当選後は、企業からのリベートを見込んで砂糖販売の規制を撤廃したり、自分の政敵を当時国民からの反発が強かった共産主義者にでっち上げたりと、やりたい放題だった。

マッカーシズムといわれたこの反共産主義の姿勢は、ソ連の原爆保有や中国の共産主義化などで不安な世界情勢のなか、アメリカ国民に広く支持された。

一九五四年、公聴会で相手を陥れる、彼のあまりに汚ないやり方がテレビで映し出された後、彼に対する国民の信用は完全に失墜した。

しかしあとから振り返れば、虚構に過ぎないマッカーシズムの隆盛も、よりどころを失っていたアメリカ社会がつくり上げたものにほかならなかったのだ。

エドウィン・O・ライシャワー

大和魂を受け継いだ蒼い目の外交官

一九一〇～一九九〇年

一九一〇年、東京都芝区（現港区）にある明治時代風の洋館でライシャワーは生まれた。

両親とも宣教師で、一家は日露戦争後に布教のため来日していた。日本文化にどっぷり浸かった少年期を過ごした彼は大学・大学院こそ母国の学校を選んだものの、その間も東アジアの歴史を研究しつつ、一九三五年には再び研究生として日本に帰ってきた。同級生だったエイドリエンと結婚し、東京に居を構えた。

しかし、平穏な夫婦生活は長くは続かない。日中戦争が起こり、兄が誤爆を受けて死亡したのを機にアメリカに帰国する。

■ナイフで刺されても「故郷」のために尽力

一九三九年にハーバード大学から博士号を取得した彼は、東洋言語学の講師として同大学に赴任。その後日米開戦の兆しが高まるにつれ、海軍当局から科学兵器の「和英辞書」の作成や東アジアの情報提供について協力した。

そして終戦後は、国務省に天皇制継続などの具体的な提案を出しながらも、ハー

バード大学に戻った。彼にとっては政治への関心よりも、学問への探求心のほうが強かったのだ。

五十五年にエイドリエンと死別した彼は、翌年に松方正義の孫・松方ハルと再婚する。

日本文化のみならず、東アジアとの外交関係にまで言及した著作は、ケネディ大統領からも支持を受け、一九六一年には駐日大使として赴任した。

任務中の六四年、大使館付近で心神耗弱の男に刺される事件があったものの、彼の日本への情熱は消えず、その後二年間も「故郷」のために尽くした。

晩年はカリフォルニア州に移り住み、一九九〇年にそこで息を引き取った。彼の家は、海を越えれば日本に辿り着く太平洋沿いにあった。

二十世紀中頃

文化の牽引力

～アメリカ文化が世界文化の中心になる～

■開放的なアメリカの文化は世界各国に受け入れられた

第二次世界大戦後、気がつけばアメリカは世界の頂点に立っていた。東西冷戦による緊迫した状態こそ続いていたが、米ドルが世界の通貨として認められるほどの超経済大国となり、また、国内の文化はそのまま世界の文化として広がりを見せるようになっていた。

すでに全盛期を迎えていたハリウッド映画をはじめ、戦後のアメリカは娯楽文化の勃興期だった。

映画界ではマリリン・モンローやベルギー生まれの女優オードリー・ヘップバーンがハリウッドで活躍。鬼才スタンリー・キューブリック監督が初めてメガホンを握ったのもこの時期だった。かたやニューヨークでは大衆文化の華であるミュージカルが人気を博し、「サウンド・オ

文化の牽引力

～アメリカ文化が世界文化の中心になる～

ブ・ミュージック」や「ウェストサイド・ストーリー」などの名作が上演された。これにより、多くの人々がブロードウェイに足を運んだ。

また、レコードの大衆化は国民に豊かな音楽をもたらした。なかでもエルビス・プレスリーの登場は、音楽業界はおろか、社会にも衝撃を与えている。ロックンロールの流行とともに、彼のヘアスタイルである「ダックテール」やファッションを模倣する若者が急増し、PTAや宗教団体が苦情を申し立てる騒動にまで発展したという。もちろん、彼が築いた音楽そのものも後世に影響を及ぼし、のちにイギリスで結成されるビートルズも、プレスリーの影響を色濃く受けたとされている。

一方、大型娯楽施設では一九五五年、カリフォルニア州にディズニーランドが開園。東隣のネバダ州では、カジノで莫大な収益を上げたラスベガスにホテルの建設ラッシュがはじまった。そして飲食業界では、一九四八年、マクドナルド兄弟が後にハンバーガーチェーン店として発展するドライブインを開き、一九五二年にはケンタッキーフライドチキンが営業を開始している。

駆け足で列挙する形になったが、ここで挙げた人名や作品名は日本でも有名なものばかり。太平洋を挟んだ小さな島国でも知られている通り、このころからアメリカは世界文化の中心的役割を担いはじめたのだ。

ウォルト・ディズニー

人々に夢を与え続けたエンターテイメント界の奇才

一九〇一〜一九六六年

一九〇一年、ウォルト・ディズニーは二十世紀の幕開けとともに産声を上げた。彼の父は仕事が長続きせず、機械工や大道芸人、郵便配達などの職を転々とし、決して裕福な家庭ではなかったそうだ。ウォルトが物心ついたころ、実家はミズーリ州カンザスシティで新聞販売店を営んでいた。

ウォルトは幼いころから絵を描くことが大好きで、新聞配達をして家計を助ける傍ら、絵画教室で本格的に絵の勉強をはじめるようになった。シカゴのマッキンレー高校時代は校内紙で漫画を連載し、同時に美術の夜間学校にも通っていた。

■アニメ映画で成功を収め、ディズニーランドを建設

高校卒業後、アニメ作品を手掛けるようになったウォルトだが、制作会社との利害関係に辟易《へきえき》して独立。ウォルト・ディズニー・カンパニーを設立し、当時未開拓だったアニメーション映画に力を注ぐようになった。

一九二八年、ウォルトはトーキー（音声の入った）アニメの『蒸気船ウィリー』を発表。当時最先端の技術を駆使したこの作品は、各界から惜しみない賞賛を浴び

た。同作でミッキーマウスは大人気となり、時を同じくしてドナルド・ダックやプルートなど、いまやお馴染みとなったキャラクターが続々と誕生した。

その後、最新の技術を駆使したディズニーの作品は、何度もアカデミー賞を受賞。一九五五年には、スクリーンを飛び出したキャラクターたちがロサンゼルスに開園したディズニーランドで活躍をはじめた。

ディズニーランドは彼が描いた夢の集大成だったが、共同経営者の兄ロイは建設に猛反対していたという。しかし、リスクを怖れずに西部カリフォルニア州にディズニーランドを「建国」したウォルトは、同地に宿る先人のフロンティア・スピリットを継承し、エンターテイメント界のパイオニアとなったのである。

マリリン・モンロー

アメリカ中の男性を虜にしたハリウッドのトップスター

一九二六～一九六二年

一九二六年、マリリン・モンローことノーマ・ジーン・ベイカーは、母子家庭に生まれた。母グラディスはハリウッドの現像所で働いていたが、二度の離婚を経て精神を患い、幼少期のマリリンは孤児院や里家をたらい回しにされたという。

十六歳になった彼女は近所に住むジム・ドアティと結婚。商船隊員だった夫の海外駐屯中にスカウトされ、モデル活動を開始した。褐色の髪を金色に染めて人気モデルへと成長したが、彼女の仕事に難色を示した夫とは離婚に至った。そして仕事に打ち込むようになった彼女に、ハリウッド映画の話が舞い込んだのだ。

一九五一年、『アスファルト・ジャングル』の出演で注目を集めた彼女は、ハリウッド女優の仲間入りを果たした。彼女は自分を発掘してくれた敏腕エージェント、ジョニー・ハイドに多大な信頼を寄せていたが、彼の求婚には応じなかった。だがハイドの急逝後、彼を父のように慕っていた彼女は自殺未遂をはかったという。

その後、「モンローウォーク」で知られる『ナイアガラ』や『紳士は金髪がお好き』など、主演作品が立て続けにヒットし、彼女は一躍トップスターとなった。一九五四年には大リーグの英雄ジョー・ディマジオと結婚し、新婚旅行で日本を訪れ

マリリン・モンロー

た際は、戦後復興を目指す日本人を大いに盛り上げた。しかし、彼との結婚生活はわずか九ヶ月で終了している。

華やかなスター街道を突き進んだ一方、私生活の彼女は不安定な状態が続き、晩年は精神病院に入退院を繰り返すようになっていた。劇作家アーサー・ミラーとの再婚後も彼女の心は満たされず、結局は三度目の離婚に至っている。

そして一九六二年八月、彼女は自宅で大量の睡眠薬を飲み、三十六年の人生に自ら終止符を打った。

ケネディ大統領との不倫は、彼女の死後に取り沙汰されたものだった。彼の誕生日式典で彼女がバースデーソングを歌った際、ケネディは「いつ死んでもいい」と語ったという。しかし、この三ヶ月後に命を落としたのは彼女のほうだった。

エルビス・プレスリー

世界の音楽史を変えたキング・オブ・ロックンロール

一九三五〜一九七七年

現在、ギネス・ワールド・レコーズによって「世界でも最も成功したソロ・アーティスト」に認定されているエルビス・プレスリー。

彼はミシシッピ州トゥーペロの貧しい白人家庭に生まれ、黒人からも「ホワイト・トラッシュ（白いクズ）」と蔑《さげす》まれる少年時代を過ごしていた。そんな境遇を乗り越え、のちに音楽ひとつで成功を勝ち取ったプレスリーは、まさにアメリカンドリームの体現者だったのだ。

■黒人音楽と白人音楽を融合したロカビリー

十三歳でテネシー州に移住したプレスリーは、南部黒人音楽の中心地メンフィスでリズム&ブルースに出会った。ここで彼は黒人音楽を吸収し、白人音楽のカントリー&ウェスタンと融合させることで、ロックンロールの創始者のひとりとして栄光を掴むことになる。

一九五三年、音楽業界に飛び込んだプレスリーは、その才能を高く評価され、レコード会社は彼を売り出すことに力を注いだ。当時、ラジオから流れた彼の歌を聞

き、多くのリスナーが黒人歌手と勘違いしたという。そして一九五六年一月、テレビ初出演を果たした彼は、白人らしかぬパフォーマンスと圧倒的な歌唱力で、全米に大きな衝撃を与えた。同年四月、「ロックのはじまり」とされる『ハートブレイク・ホテル』が初の売上一位に輝くと、その後も『冷たくしないで』『ラヴ・ミー・テンダー』などのヒットソングを連発。映画界にも進出を果たし、出演作三十二本すべてが主役という扱いから当時の彼の人気がうかがい知れる。

一九七七年、彼の訃報を受けてカーター大統領は「彼の死は、アメリカから大事な一部分を奪い取った」とその死を嘆いた。プレスリーが眠るグレースランドの墓は、いまでも世界中から訪れるファンによって絶えず花に囲まれている。

アメリカの祝祭日

◆州や宗派によって異なる祝祭日

日本のようにゴールデン・ウィークやお盆休みはないものの、人種のるつぼであるアメリカにはさまざまな祝祭日が設定されている。

復活祭、独立記念日、感謝祭の三大祝祭日をはじめとして、公式な休日ではないものの、三月にはアイルランドの聖パトリックを祝う行事が地域によって行われたり、九月にはユダヤ人たちが仕事を休んで自分たちの民族の大祭日を祝ったりと、一年を通してさまざまな祝祭日が各地で設けられている。

一方、州や宗教によっては休日とならない祝祭日も存在する。たとえば、キング牧師の誕生日は、公民権運動に否定的だった州では休日に定められていない。多民族国家の一面は、こんなところでも垣間見えるのだ。

■ 連邦法によって制定された国民の祝祭日

月日	祝祭日名	原語
1月1日	元日	New Year's Day
2月　第3月曜日	ワシントン誕生日	Washington's Birthday
3月~5月のいずれかの日曜日	復活祭	Easter
5月　最終月曜日	戦没将兵追悼記念日	Memorial Day
7月4日	独立記念日	Independence Day
9月　第1月曜日	労働者の日	Labor Day
10月　第2月曜日	コロンブスの日	Columbus Day
11月11日	復員軍人の日	Veterans Day
11月　第4木曜日	感謝祭	Thanksgiving Day
12月25日	クリスマス	Christmas

第七章
冷戦の終結と人種差別撤廃の戦い

活発化する公民権運動

～人種差別撤廃のために闘った黒人たち～

二十世紀中頃

■ワシントン大行進と公民権法の成立

南北戦争終結後、憲法修正第十三条～十五条が成立し、黒人の市民権、選挙権が認められたが、南部諸州では、通称「ジム・クロウ法」と呼ばれる、公共施設、飲食施設、交通機関で白人と黒人（有色人種）を分離する人種隔離法があり、有権者登録の際、投票税をかけたり識字率のテストを行うことで選挙権も制限されていた。

これらの差別に対して、一九〇九年には全米黒人地位向上協会（NAACP）、一九一一年には黒人の都市社会への適応を目指す全国都市連盟（NUL）、一九四二年には人種平等会議（CORE）が結成され、黒人たちは人種差別と戦う体制を整えていった。

一九五〇年、カンザス州のオリバー・ブラウンの長女が公立小学校へ

二十世紀中頃

活発化する公民権運動

～人種差別撤廃のために闘った黒人たち～

の編入を断られたことをきっかけに、ＮＡＡＣＰは同様のケースを集め集団訴訟を起こした。これが、ブラウン対教育委員会事件と呼ばれるもので、五年に渡る裁判ののち連邦最高裁は「公教育の場での人種による分離は憲法違反」という判決を下す。これは、一八九六年にプレッシー対ファーガソン事件で、連邦最高裁が「人種により分離しても施設の品質が同等であれば憲法違反にはあたらない」とした判例を覆す画期的なものだった。

一九五五年にはモントゴメリーで、黒人女性のローザ・パークスがバスで白人に席を譲るのを拒んだために逮捕される事件が発生。黒人たちはこの逮捕に抗議し、マーティン・ルーサー・キング牧師を指導者にバスのボイコット運動を開始。翌年、連邦最高裁で「公共バス内での人種隔離は憲法違反」という判決を勝ち取ることになる。

一九五七年には、ブラウン対教育委員会事件判決を受けアーカンソー州の州都リトルロックにあるセントラル高校が黒人学生の受け入れを決めた。しかし、学校前に差別主義者たちが終結し、州知事オーヴァル・フォーバスが州兵を配置し登校を妨害。これに対し、アイゼンハワー大統領が空挺部隊を投入し黒人学生の登下校を保護させる。この様子は全米に報道され、いじめや家族への嫌がらせに耐え続けた黒人学生たちの勇気と忍耐は、差別と闘う黒人たちに大きな勇気を与えたのだった。

行動することの重要さを知った黒人たちは、キング牧師ら指導者たちのもと、レストランや図書館などで白人専用の席に座る「座り込み運動」、人種隔離政策に反対するデモ行進、差別に対しての訴訟など積極的に行動を起こしはじめたが、南部諸州の当局は警察や州軍などを使い、これらの運動を徹底的に弾圧した。

また、白人至上主義の秘密結社「クー・クラックス・クラン（KKK）」や人種差別主義者によるテロも横行し、ミシシッピ州では、NAACPの州代表メドガー・エヴァーズや活動家三人の暗殺、アラバマ州では、教会爆破テロで黒人少女四人が殺されるという事件も起こった。しかし、黒人たちは弾圧やテロに負けることなく非暴力の闘いを継続し、弾圧やテロがマスコミによって報道されたこともあり、次第に公民権運動は白人からも支援されるようになるのだった。

これらの運動の集大成として人種差別撤廃を訴えるため、首都ワシントンでの大行進が計画され、一九六三年八月二十八日、公民権運動諸団体をはじめ、連邦議会議員や宗教団体関係者などさまざまな職業、人種、思想の人々二十万人以上がワシントン記念塔広場に集結した。このときキング牧師は、アメリカ史上に残る「私には夢がある」で有名な演説を

活発化する公民権運動
～人種差別撤廃のために闘った黒人たち～

行い、平等な社会の実現を強く訴えている。

一九六四年七月二日、リンドン・ジョンソン大統領の尽力により、暗殺されたケネディ大統領が提出していた「公共施設での人種隔離と、投票、教育、雇用における人種差別の禁止」を定めた公民権法が成立。これにより人種隔離法はすべて否定され、法律上は全人種が平等となった。

公民権法成立後、キング牧師ら公民権運動家たちの活動は黒人たちに有権者登録をさせる運動となる。ミシシッピ州やアラバマ州といった深南部と呼ばれる地域では、当局や差別主義の白人、ＫＫＫらの妨害により、黒人の有権者登録は遅々として進まなかったのだ。

一九六五年、アラバマ州セルマから州都モントゴメリーに向かって選挙権を求める一大デモ行進が実施されたが、これに警官たちは催涙弾を撃ち込み暴行を加えた。「血の日曜日」と呼ばれるこの残虐な事件は全米に報道され、人種を問わず支援の輪が広がり続々と支援者たちがセルマに集まった。また、ジョンソン大統領も平等を訴える演説をし、黒人投票権を連邦政府が保護する選挙権妨害防止法案を提出。アラバマ州警官を連邦政府の指揮下に置きデモ隊の警護にあたらせた。同年八月、選挙権妨害防止法案が成立したことで黒人の有権者登録の障害は取り除かれ、黒人たちは長年の夢だった平等な権利をついに勝ち取ったのだった。

リンドン・ジョンソン

差別を撤廃しベトナム戦争を長期化させた辣腕大統領

一九〇八〜一九七三年

「偉大な社会」を提唱し、人種差別の撤廃に貢献した功績とベトナム戦争を泥沼化させ、多くのアメリカ兵とその何十倍ものベトナム人を死傷させた罪過によって、その名を知られる大統領リンドン・ジョンソンは、一九〇八年、テキサス州のストーンウォールという農村で生まれた。

ジョンソンは、南西テキサス州教員養成大学卒業後にヒューストン高校で教職を務めていたが、テキサス州議会で五期議員を務めていた父親の力を借り、政界へと進出。議員秘書、テキサス州立青年局長、下院議員とキャリアを積み、一九四八年に上院議員になると院内総務の重職を任された。一九六〇年、出馬した大統領予備選でジョン・F・ケネディに敗れたが、ケネディにより副大統領に指名される。

■人種差別撤廃に辣腕ぶりを発揮

副大統領就任と同時に雇用機会均等委員会の長に任命されたジョンソンは、差別撤廃を求める公民権運動に理解をしめしたケネディのもと、企業、労働組合への黒人雇用の働きかけ、補助金を受けている図書館や病院での雇用差別の禁止など、差

リンドン・ジョンソン

別の撤廃に取り組んだ

一九六三年、ケネディが暗殺されたことで自動的に大統領に昇格したジョンソンは、ケネディが提案した「公共施設での人種隔離と投票、教育、雇用における人種差別の禁止」を定めた公民権法成立のために、歴代大統領のなかでも一、二を争うといわれる政治手腕を最大限に発揮。一九六四年七月二日、差別意識の強い南部諸州選出議員たちの反対を押し切って公民権法を成立させる。翌年には黒人の有権者登録が南部諸州で妨害されていることを知ると、投票権法を提案しこれも成立させるのだった。

ジョンソンが成立に尽力したこのふたつの法案により、黒人たちをはじめとする全人種は法の下に平等となり、長きに渡る人種隔離法という差別から解放されることになるのである。

さらに、ジョンソンは貧困対策にも力を入れ、低所得者への医療費と食費の補助を制度化。有色人種や貧困層といった社会的弱者救済に積極的に動いた大統領として、その功績は高く評価されている。

■ベトナム戦争泥沼化で連日批判を受ける

ケネディはベトナムへの軍事介入の失敗を悟り正規軍撤退を計画していたといわれているが、ジョンソンはその計画に強く反対しており、大統領に就任すると撤退計画を白紙に戻す。そして、アメリカの駆逐艦が魚雷攻撃されたトンキン湾事件（のちにアメリカの自作自演の陰謀だったことが発覚）への報復を口実に、ジョンソンは大規模な軍事介入を決めるのだった。

ベトナムへの軍事介入は北ベトナム中枢への爆撃（北爆）、海兵隊、陸軍の投入と拡大路線を突き進み、最盛期には五十万人もの大兵力が投入された。しかし、ゲリラ戦を展開する北ベトナム軍と南ベトナム民族解放戦線を相手に一向に戦果はあがらず、被害ばかりが拡大。そして、この戦地の悲惨な状況がマスメディアを通じて伝えられたことで、全米各地で反戦運動が起こることになる。

こうしてベトナム戦争を拡大したジョンソンは連日批判にさらされ、当時「アメリカの良心」といわれ圧倒的な人気を誇ったCBSのニュースキャスター、ウォルター・クロンカイトにも戦争継続を反対されたことで、一九六八年三月三十一日、再選を目指した大統領予備選のさなか大統領選への不出馬と北爆の中止を表明し、退陣へと追い込まれるのだった。

二〇〇五年、ジョンソンの元顧問弁護士バー・マクラレンが『ケネディを殺した副大統領―その血と金と権力』（文藝春秋）という暴露本で、ケネディ大統領暗殺の首謀者はジョンソンと告発。ジョンソンは、ケネディのベトナム早期撤退の方針とは相容れない軍需産業とのつながりが強かった。そこで当時から「ケネディ暗殺で一番得をした」のはジョンソンであるとして暗殺の首謀者という者もいる。

マーティン・ルーサー・キング・ジュニア

公民権運動の偉大なる指導者

一九二九〜一九六八年

公民権運動の父として知られるマーティン・ルーサー・キング・ジュニアは、一九二九年ジョージア州アトランタでバプティスト教会の牧師の家に生まれ、ボストン大学卒業後の一九五三年、アラバマ州で牧師として生活をはじめる。そして、この地で彼の人生を決定づける出来事――黒人女性のローザ・パークスがバスで白人に席を譲ることを拒否し逮捕される事件――が起こるのだった。

■地方の牧師から指導者へ

モントゴメリーの黒人社会の指導者たちはこの事件に怒りを爆発させ、パークスの裁判の日に黒人乗客が多数を占めていた市営バスのボイコットを計画。モントゴメリーでの生活が短く、しがらみが少ないキングがこの運動の代表に推薦された。

罰金の判決が下されたパークスは連邦最高裁に控訴し、同時に大成功だったバスのボイコット運動も無期限で継続することが決まる。事件から約一年後の一九五六年十一月、連邦最高裁が「バス内での人種による座席分離は憲法違反」という画期的判決を下したことで、この運動を指導したキングは一躍有名となり、地方の一牧

マーティン・ルーサー・キング・ジュニア

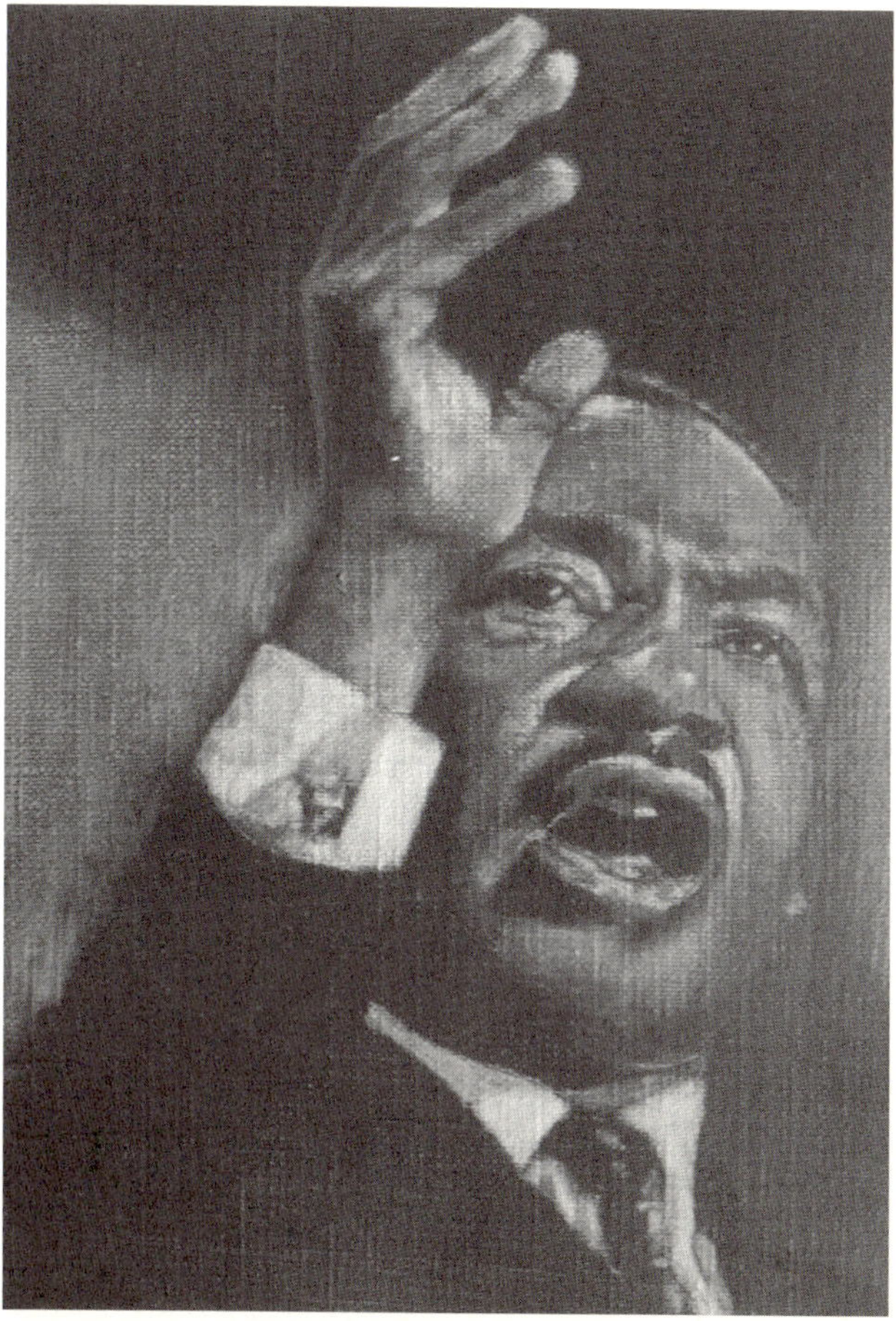

師から公民権運動の指導者として歩みはじめることになる。

■ノーベル平和賞を史上最年少で受賞

キングは「非暴力直接行動」を公民権運動を進めていく上での柱としたが、その考えはインドで英国からの独立運動を率いたマハトマ・ガンディの「非暴力抵抗運動」に強く影響を受けている。さらにキリスト教の思想から、差別を行っている白人たちこそがもっとも魂をゆがめられていると考え、差別をなくすことで白人の魂を救済することも運動の目標においていた。

こうしたキングの姿勢に対して、暴力的手段を使っても人種差別を解消しようとするマルコムXを支持する黒人過激派は「融和的すぎる」として、非暴力運動を否定した。しかし、無抵抗の黒人デモ隊へ警察犬をけしかけ、高圧放水を浴びせ、警棒で殴るなどの暴力による弾圧が報道されるにつれ、世論は差別撤廃へと傾いていく。キングの提唱した非暴力の姿勢が白人社会をも動かしたのだ。

一九六三年、公民権運動の集大成として行われたワシントン大行進で、キングは「私には夢がある」で有名なアメリカ史上に残る名演説を行い、人種差別撤廃と平等な社会の実現を強く訴え多くの人々の共感を得た。

翌年には「アメリカ合衆国における人種偏見を終わらせるための非暴力抵抗運動」が認められ史上最年少でノーベル平和賞を受賞。リンドン・ジョンソン政権下で公民権法と投票権妨害防止法が成立し、ついに差別撤廃を勝ち取るのだった。

■キングの残した大いなる遺産

一九六五年以降、キングは北部大都市の黒人貧困問題、雇用差別撤廃に活動を広げていくが、非暴力学生委員会（ＳＮＣＣ）代表のストークリィ・カーマイケルら急進派は「ブラック・パワー」を合言葉に武力闘争を選択。一向に改善されない生活に業を煮やしていた黒人たちも同調し黒人暴動が頻発するようになる。

キングは「黒人至上主義もまた白人至上主義と同じように悪である」と発言し武力闘争を否定するが、それが収まることはなかった。やがて白人たちは暴力で応酬しはじめ、キングは黒人からも白人からも支持を失いはじめる。

それでもキングは非暴力を貫き活動を続けたが、一九六八年ストライキ支援のため訪れたテネシー州メンフィスで銃撃を受け、三十九歳でこの世を去った。キング暗殺のニュースが伝わると全米百二十五の都市で黒人暴動が発生し、黒人たちの武力闘争の流れは加速していくのだった。キングの残した遺産は大きい。公民権運動によって広まった平等観は、インディアン、アジア系、ラティーノなど他のマイノリティ、女性の解放運動を刺激し、六〇年以降のアメリカ社会を大きく変えた。彼の偉業は、現在、キングの名の付いた通りや学校などの公共の施設が全国に散在することからもわかるように、国民の記憶に深く刻まれている。

マルコムX

黒人解放運動のカリスマ

一九二五〜一九六五年

マルコムXはもともとの名前をマルコム・アール・リトルといい、ネイション・オブ・イスラム（NOI）教団に入信したとき、奴隷主が先祖につけた名前を捨て、永遠に知ることができない本来の姓の象徴である未知数「X」に改名した。

■変化と成長を続けた思想

NOIはアフリカ人の先祖はイスラム教だったと教え、黒人の民族的優位を説き、白人社会への同化を拒否する宗教だった。幼いころに父親が惨殺され、母親も精神異常となり、自らも黒人という理由だけで弁護士になる夢を捨てるしかなかったマルコムが、この教えに傾倒していったのは仕方のないことだろう。

軽犯罪で入れられた刑務所でNOIに入信し、出所後、積極的に布教を進めたマルコムは、そのカリスマ性と説得力のある演説で信者を急増させる。しかし、あまりにも過激な言動を続けるマルコムを教団は危険分子と判断し、ケネディ暗殺は当然と発言したことで謹慎処分が言い渡された。同時期、教祖イライジャ・モハメドが秘書三人に私生児を産ませていたことが発覚し、教団に失望したマルコムはNO

マルコムX

Iを脱退する。
　NOI脱退後、イスラム教の聖地メッカを訪れたマルコムは、イスラム教の白人たちが自分をまったく差別せず、人種偏見など正当なイスラム教には存在しないことを知る。そして、白人すべてを非難することが過ちであることに気づくのだった。アメリカに戻ったマルコムは、アフロ・アメリカ統一機構を設立し、公民権運動との連携を約束。マーティン・ルーサー・キング・ジュニアとの対話も望むなど、その主張を大きく方向転換する。さらに、国連の人権委員会に黒人の人権を無視しているアメリカを告発しようと活動をはじめた。
　しかし、新しい道を歩みはじめた矢先の一九六五年二月二十一日、演説中に銃撃を浴び、この世を去るのだった。

ローザ・パークス

一九一三〜二〇〇五年

差別にひとり立ち向かった「公民権運動の母」

一九五五年のモントゴメリー・バス・ボイコット運動の発端となったローザ・パークスは、当時デパートの裁縫師の仕事をしながら、全米黒人地位向上協会（NAACP）モントゴメリー支部の書記を務めていた。夫レイモンドもNAACPのメンバーであり、普段から差別と闘う意識が強かったことがうかがえる。

■黒人を立ち上がらせる端緒となった行動

一九五五年十二月一日、仕事帰りにバスに乗ったパークスは、白人に席を譲るよう運転手に命じられたが毅然とした態度でこれを拒否し、通報で駆けつけた警察官に逮捕されてしまう。当時はジム・クロウ法と呼ばれる人種隔離法が施行されており、黒人は席を譲らなければならないと法律に定められていたのだ。

この逮捕に抗議し、マーティン・ルーサー・キング・ジュニアを代表とした黒人たちはバスのボイコット運動をはじめ、州の簡易裁判所で罰金刑が言い渡されたパークスは、これを不服として連邦最高裁に控訴。一九五六年「バス内での人種分離は違憲」という画期的な判決を勝ち取ることになるのだった。

この勝利は全米の黒人を勇気づけ、こののち人種差別撤廃を訴える公民権運動が活発になっていったため、勇気を持って差別に抗議し運動の導火線となったパークスは「公民権運動の母」として称えられている。

判決ののち、あまりにも有名になりすぎたパークスはモントゴメリーには居づらくなり、デトロイトへ転居。一九六五年から二十三年間、ジョン・コンヤーズ下院議員のスタッフを務め、一九八七年にはローザ・レイモンド・パークス自己開発教育センターを設立し、青少年の人権教育に力を注いだ。

二〇〇五年、バス・ボイコット運動五十周年記念を前にした十月二十四日、家族や友人に囲まれながら静かに息を引き取る。享年九十二、老衰だった。

ジャッキー・ロビンソン

人種差別の壁を打ち破った偉大なるメジャーリーガー

一九一九〜一九七二年

メジャーリーグ史上初の黒人選手となったジャッキー・ロビンソンは、黒人だけのニグロリーグでプレーしていたが、一九四五年ブルックリン・ドジャースの会長ブランチ・リッキーに入団を求められる。リッキーは野球の実力に加えて、さまざまな嫌がらせや中傷に耐えられる精神力と、信頼を勝ち取れる人間性をもつ黒人選手を探しており、その眼鏡にかなったのがロビンソンだった。

■野次や嫌がらせに屈することなく、紳士的態度を貫く

リッキーに「売られたケンカを買わない勇気を持った選手が欲しい」といわれたロビンソンは、しばらく考えたのち「何もめ事を起こさない」ことを約束。こうして、ドジャース傘下の3Aモントリオール・ロイヤルズに入団することになる。罵《ば》詈《り》雑《ぞう》言《ごん》を浴びせられながら、黙々とプレーし、ロイヤルズの優勝に貢献したロビンソンは、一九四七年メジャーへと昇格。しかし、ここでも人種の壁が立ちふさがった。黒人と一緒にプレーはできないと数人の選手が移籍し、相手チームは対戦拒否を示唆。試合のたびに相手選手や観客から口汚い野次が浴びせかけられ、足を

狙ったスパイクも繰り返されたのだ。

それでもロビンソンはリッキーとの約束を守り、いっさいの報復をせず紳士的な態度を貫いた。そんなロビンソンの姿に、まずチームメイトとファンが味方になる。口汚い野次には白人選手たちが応戦し、ファンも声援で彼を守ったのだ。

やがて、世論も「紳士的で素晴らしい選手」とロビンソン擁護に傾き、ロビンソンはこの年創設された新人賞を受賞するなどの活躍をみせるのだった。

たったひとりで差別と偏見に立ち向かったロビンソンがいなければ、黒人選手のメジャー進出は大幅に遅れただろうといわれている。その偉大な功績を称え、新人賞はジャッキー・ロビンソン賞と呼ばれ、彼の背番号42はメジャーリーグ全球団で永久欠番となった。

冷戦の終結と新勢力の台頭

～ソ連ブロック崩壊による対立の終焉～

二十世紀後半

■多極化する東西の枠組み

一九六二年のキューバ危機で核戦争の恐怖に直面した米ソは歩み寄り、アメリカのホワイトハウスとソ連のクレムリンの間に危機回避のための直通回線「ホットライン」を設置。一九六三年八月には米英ソ三ヶ国による部分的核実験禁止条約が結ばれ、十月の発効までに百八ヶ国が調印した。しかし、フランスと中国は、核開発で先行している米ソが核戦略で優位を保とうとしている条約ととらえ調印せず、その後も核実験を続け核保有国となった。

米ソが少し歩み寄ったかに見えたが、一方で、ジョン・F・ケネディ暗殺後に大統領となったリンドン・ジョンソンは、ソ連が支援するホーチミン率いる共産主義のベトナム民主共和国（北ベトナム）に対する自由主義の防波堤としてベトナム共和国（南ベトナム）を支援。莫大な戦費と五十万人もの大兵力を投入したが、戦線は膠着《こうちゃく》状態に陥った。

ソ連では一九六四年フルシチョフが失脚し、レオニード・ブレジネフが共産党第一書記（のちに書記長に改称）に就任し指導者となる。ブレジネフは抑圧的な政策をとり民主化の動きを牽制したため、国家保安委員会（ＫＧＢ）はフルシチョフ時代に失った力を回復することになった。

一九六八年、チェコスロバキアで「プラハの春」と呼ばれた改革がはじまると、東欧諸国への波及を恐れたソ連は、ワルシャワ条約機構軍を投入しチェコスロバキア全土を占領下においた。この侵攻に対して、アメリカほか四ヶ国の要求で招集された国連安保理は「国連憲章に反する内政干渉であり即時撤退」という決議を採択するが、ソ連が拒否権を行使したためこの決議は効力を発揮していない。また、アメリカはソ連の侵攻を非難したものの、相手勢力圏に対する相互不干渉という冷戦の不文律が守られ、これ以上の具体的な行動は起こさなかった。

チェコスロバキア以外にもアルバニアと北朝鮮がソ連から離反し、中国もフルシチョフのスターリン批判以来対立を深めるなど、共産主義勢力は多極化する。中国は対立の原因となったフルシチョフの失脚を歓迎し、周恩来がブレジネフら新指導部と会談するが関係改善には失敗。

以後、中ソ対立はソ連からの中国人留学生の退去命令、モスクワ中国大使館襲撃事件を経て、ダマンスキー島（珍宝島）の領有権を巡る武力衝突に発展し、修復不可能なほど深刻なものとなるのだった。

■デタントの到来と新勢力の台頭

一九七二年、米ソ間で第一次戦略兵器制限交渉（SALT1）が調印され、弾道ミサイルの数量が制限されたことで両国間の緊張は緩和された。また、アメリカ大統領リチャード・ニクソンが中国を電撃訪問し、毛沢東主席と会談。中国共産党政府を事実上承認する「米中共同声明」を発表したことで、アメリカは中国との距離を急速に縮め、東アジア地域における対立軸が解消された。

一九七三年にはアメリカと北ベトナムの間で和平協定が結ばれ、アメリカ軍はベトナムから撤退。一九七五年に南ベトナムの首都サイゴンが陥落し、翌年ベトナム社会主義共和国が樹立され、共産主義政権が誕生する。ラオス、カンボジアでも相次いで共産主義政権が誕生したためインドシナ半島全域が共産主義化されたが、これにより同地域は一応の安定を得ることになった。

欧州でも東西の関係改善が進みはじめる。西ドイツでは、東ドイツの

二十世紀後半

冷戦の終結と新勢力の台頭
〜ソ連ブロック崩壊による対立の終焉〜

存在自体を認めない方策（ハルシュタイン原則）をとってきたが、一九六九年に首相となったヴィリー・ブラントは東側諸国との関係改善を目指して東方外交を進め、一九七二年、東ドイツと東西ドイツ基本条約を結び同等の権利を持つ主権国家として認めた。

一九七五年には、米ソと欧州三十五ヶ国の首脳が集まったヘルシンキ会議で、「全欧州の安全保障、技術、経済協力、基本的人権の保護」をヘルシンキ宣言として採択、全欧安全保障協力会議が設立され、デタント（緊張緩和）の時代となるのだった。

しかし、この時代は長くは続かなかった。ソ連が中距離弾道ミサイルの配備を極秘に進めたことに対抗し、一九七九年、アメリカも中距離核戦力を西欧諸国に配備することを宣言。さらに、ソ連が共産主義政権を支援するためアフガニスタンに侵攻したことを西側諸国は非難し、アメリカがアフガニスタンの反共勢力「ムジャーヒディーン」を援助した。

そのため、ソ連はアフガニスタン占領に失敗し、莫大な戦費と人員を浪費することになるのだった。

一九七九年、親米政権だったイランのパフラビー朝が倒され、ルーホッラー・ホメイニによってイスラム共和制の政権が樹立される（イスラム革命）。これはまったく新しいイデオロギーだったため、東西両陣営ともイランを敵とみなした。さらに、君主制中心の周辺アラブ諸国は、イスラム革命が自国に飛び火することを恐れ、イランを支持しなかったため、イランは完全に孤立することになる

シャトル・アラブ川の使用権でイランと衝突していた隣国イラクのサダム・フセイン政権は、革命の混乱に乗じてイラン侵攻を計画。一九八一年、イラクの奇襲によりイラン・イラク戦争がはじまる。米ソはイスラム革命が周辺諸国に広がることを恐れ、協力してイラクに武器を援助したため、イラクは中東最大の軍事大国となるのだが、この政策がのちのちアメリカを苦しめることになる。

■東欧革命と冷戦の終結

一九八一年、アメリカ大統領に就任したロナルド・レーガンは、一九七〇年代のデタントをソ連の力の増大を招いたとして否定。ソ連を「悪の帝国」と非難し、対決姿勢を鮮明に打ち出した。

アメリカは国防予算を大幅に増加し、敵国の大陸間弾道弾ミサイルを迎撃することを目的とする戦略防衛構想を推進。実現すればアメリカのみが一方的に有利となるためソ連は猛反発するが、さらなる軍拡競争に耐えるだけの経済力は残っていなかった。そのため、ソ連は外交手段で

二十世紀後半

冷戦の終結と新勢力の台頭

〜ソ連ブロック崩壊による対立の終焉〜

事態の打開をはかり、一九八七年、アメリカ側に大幅に譲歩した中距離核戦力全廃条約に調印する。

ソ連では一九八五年に共産党書記長に就任したゴルバチョフが、ペレストロイカ（改革）、グラスノスチ（情報公開）を推進。急進的な経済改革、国内体制の抜本的な改革を行い、新思考外交で西側諸国との関係改善を目指した。また、東欧諸国に対して内政干渉しないことを宣言したため、一九八九年になると東欧諸国で次々と共産党政権が崩壊する東欧革命が進行する。ポーランド、ハンガリー、チェコスロバキアでは穏便に政権委譲が行われたが、ルーマニアでは共産党が政権維持にこだわり市民との間で衝突が発生。市民に多数の犠牲者を出すとともに、チャウシェスク大統領夫妻が処刑され、流血革命となってしまった。

ハンガリーはオーストリアとの国境を開放し、東ドイツ市民がハンガリー、オーストリアを経由し西ドイツへ亡命することを黙認。これにより無意味となったベルリンの壁が東西ドイツ市民によって破壊される。

一九八九年十二月三日、地中海の島国マルタ共和国で、アメリカ大統領ジョージ・H・ブッシュとソ連の最高指導者ゴルバチョフが会談し、東西冷戦の終結を宣言。第二次大戦後四十年以上続いた冷戦の時代は、名実ともに終焉を迎えたのだった。

リチャード・ニクソン

卓越した外交力で世界に衝撃を与えた大統領

一九一三〜一九九四年

わずか三十九歳で副大統領に選ばれ、二期八年の間その重職を務めたリチャード・ニクソンは、一九六〇年の大統領選に満を持して出馬した。しかし、友人でありライバルでもあったジョン・F・ケネディに歴史的僅差で敗れてしまう。

■「法と秩序」の回復を訴え、リベンジを果たす

八年後の一九六八年、再び共和党の大統領候補指名を受けたニクソンは、ベトナム反戦運動や反体制的なヒッピー文化を嫌う「サイレント・マジョリティ（体制を支持する物いわぬ多数派）」に向かって、「法と秩序」の回復を訴えた。その結果、選挙人の数では大差で勝利し、大統領の座をつかむことに成功する。

大統領となったニクソンは、一九六〇年代中ごろから社会不安の原因となっていた黒人暴動や反戦運動、大学紛争に対して抑圧的政策をとり治安回復をはかった。また、インフレと財政赤字解消のため、いきなり金とドルの交換停止を発表。国際通貨の変動相場制への移行をもたらすが問題は改善しなかった。

ニクソンは外交面では、ハーバード大学教授だったヘンリー・キッシンジャー

リチャード・ニクソン

国家安全保障問題担当補佐官に採用し、彼の助言に従い、それまでの路線を大幅に修正し、反共・封じ込め政策からデタント（緊張緩和）政策へと転換した。一九七二年には中華人民共和国を電撃訪問し、共産主義政府を事実上承認する。アメリカはそれまで台湾の中華民国政府を中国大陸を統治する正式な政府としており、これは重大な方向転換だった。また、ソ連とも一九六九年から戦略兵器制限交渉（SALT1）を開始し、交渉がまとまった一九七二年五月にモスクワで調印した。これにより、米ソの関係はデタントの時代へと移っていくことになる。

ベトナム戦争に対しては地上軍の削減をはじめ、一九六九年八月には第一陣が撤退。同時に北ベトナム政府と停戦に関する秘密交渉をキッシンジャーを派遣して開始する。一方で一九七二年には、ジョンソンが中止した北爆を再開し、無差別の絨《じゅう》毯《たん》爆撃によって北ベトナムを焼け野原にする。さらに、港湾施設への機雷封鎖を行い補給を遮断。これらの作戦は北ベトナムへの支援ルートを遮断し戦闘意欲を失わせ、アメリカに有利な条件で早期講和を行うことが目的だったといわれている。

北爆再開から約七ヶ月後の一九七三年一月二十三日、アメリカと北ベトナムとの間で「アメリカ軍の全面撤退・アメリカ軍捕虜の解放」などを定めたパリ協定が調印され、同年三月二十九日、アメリカ軍の完全撤退が完了するのだった。この年、キッシンジャーは交渉相手の北ベトナムのレ・ドク・トとともにノーベル平和賞を贈られる。レ・ドク・トは辞退。

■アメリカ史上唯一となる任期中の辞任

一九七二年、ワシントンのウォーターゲート・ビル内にあった民主党本部へ不法侵入した五人の男が現行犯逮捕される。調べを進めるうち彼らの目的が盗聴器の設置であることが判明し、犯人の手帳からエドワード・ハントのホワイトハウス内の連絡先が見つかる。ハントはニクソン大統領再選委員会のメンバーだったことがあり、ニクソン政権との関与が疑われた。

ニクソン大統領の報道官は「三流の泥棒」と無関係を主張したが、捜査が進むにつれニクソンが関わっていたことが明らかになり、隠蔽《いんぺい》工作も発覚。世論の反発も強まった一九七四年八月九日、ニクソンは弾劾《だんがい》裁判を避けて大統領を辞任し、ヘリコプターでホワイトハウスを去った。「法と秩序」の回復を訴え大統領に当選したニクソンは、「法と秩序」を破ったことによって大統領の座を追われるのだった。

突然のドルと金の交換停止宣言と中国への電撃訪問というふたつのニクソン・ショックで世界に衝撃を与えたニクソンは、秘密主義ですべてをホワイトハウス主導で進め皇帝的との批判も強い。また、アメリカ史上初にして唯一の任期中に辞任した大統領として汚名も残した。しかし、ベトナム戦争からの撤退、中国との国交正常化への努力、戦略核兵器制限交渉への調印など、外交面で大きな功績を残しており、偉大な大統領のひとりと評価する者もいる。

ジミー・カーター

ホワイトハウスの尊厳と信頼を回復した庶民派大統領

一九二四年～

「ジミーってだれ？」――一九七六年の大統領選挙に出馬したとき、その知名度の低さからジミー・カーターはこう揶揄《やゆ》された。しかし、ウォーターゲート事件の影響で世論は政治の改革を求め、勤勉でピーナッツ農家出身、ジョージア州知事という経歴を持ち、中央政府との関係がない彼が大統領に選ばれる。カーターは期待に応え、強い倫理観でクリーンな政治を実現し、ホワイトハウスの尊厳と信頼を回復するのだった。

■議会対策に追われ、改革は進まず

カーターは大統領就任式後、国会議事堂からホワイトハウスまで家族とともに歩いて就任パレードを行い、「帝王」と皮肉られたニクソン元大統領との違いを鮮明にした。

しかし、庶民派であるが故にカーターにはワシントンに人脈がほとんどなく、議会対策に苦慮する。そのため、疲弊した国内経済立て直しのため改革法案を提出しても、議会の保守派に潰され経済政策は完全に失敗。インフレが進み、失業率も上

ジミー・カーター

昇し続け、経済問題を解決することはできなかった。

■大胆な政策で世界平和を推進するもソ連に裏切られる

国内の経済政策では完全に失敗したカーターだが、外交では人権擁護と発展途上国の援助、紛争の解決に力を注ぎ、多くの実績を残している。

一九七七年にはパナマとの間で、運河関連施設の永久租借権を一九九九年にパナマへ返還する「新パナマ運河条約」を締結。一九七八年には、エジプトのサダト大統領とイスラエルのベギン首相を大統領の別荘「キャンプデービット」に招き、和平協定についての合意に成功。この合意にもとづき、一九七九年にエジプトとイスラエルの間で和平条約が調印され、中東和平が大きく前進した。

また、冷戦の緩和に向け、ニクソンのデタント（緊張緩和）路線を継承。一九七九年には中華人民共和国と正式な国交を結び、台湾の中華民国とは断絶。同年、ソ連のレオニード・ブレジネフ書記長とウィーンで会談し、第二次戦略核兵器制限交渉（SALT2）に調印した。

しかし、こうしたカーターの冷戦終結への努力は、ソ連の中距離ミサイル配備とアフガニスタン侵攻により徒労に終わる。カーターは対ソ戦略の変更を余儀なくされ、第二次戦略核兵器制限交渉の批准《ひじゅん》中止、ソ連への穀物輸出禁止、モスクワオリンピックボイコットと態度を硬化させ、デタントの時代は終焉を迎えるのだった。

■個人外交を積極的に展開する「最強の元大統領」

一九八〇年の大統領選で再選を狙ったカーターだが、インフレと失業問題などの経済政策の失敗、テヘランで発生したアメリカ大使館占拠事件における救出作戦の失敗などが響いてロナルド・レーガンに敗れた。

大統領の座を明け渡したカーターだったが、一九八二年に「紛争の解決、貧困対策、疫病対策、人権の確立、環境保護のための研究と行動」を目的とした非政府組織「カーター・センター」を、ロザリン夫人と協力しアトランタに設立する。

カーターは元大統領という肩書きを武器に積極的に活動——パナマの選挙を監視し不正を告発、ハイチ共和国の軍事クーデター政権と会談し、アリスティド大統領の復帰を実現、北朝鮮の金日成主席と会談し核疑惑の解消と南北会談の約束（金主席が急死したため会談は実現せず）の取り付け、キューバのカストロ議長とアメリカとキューバの関係改善について意見交換など——し、多数の実績を残した。

大統領在任中よりも退任後の方が目覚ましい活躍を見せているため「最強の元大統領」とやや皮肉を込めた評価をされているが、二〇〇二年、これらの活動によりノーベル平和賞を受賞。二〇〇七年にはイラク駐留アメリカ軍の早期撤退を訴え、対話の重要性を強調し母国アメリカを批判するなど、強い倫理観をベースに世界平和のために行動し続けている。

ニール・アームストロング

月面に人類史上初となる第一歩をしるした宇宙飛行士

一九三〇年〜

「ひとりの人間にとっては小さな一歩だが、人類にとっては大きな飛躍だ」一九六九年七月二十日、アポロ十一号の船長ニール・アームストロングが、人類史上初となる月面への第一歩をしるした際に残した名言はあまりにも有名だ。

■大空に憧れた少年時代

アームストロングは空を飛ぶことに憧れる少年だった。こつこつ貯めたお金で十六歳でパイロットの免許を取得、朝鮮戦争にはパイロットとして参戦し、一九五五年に国家航空諮問委員会（ＮＡＣＡ）のテストパイロットとなった。

東西冷戦が進むなか、一九五七年にソ連が人類初の人工衛星「スプートニク一号」打ち上げに成功すると、アメリカも「ヴァンガード」打ち上げで対抗しようとするが失敗。ミサイル技術に直結するロケット技術で遅れをとったことで、アメリカはスプートニク・ショックと呼ばれる激しい危機感に襲われ、ＮＡＣＡを母体にアメリカ国立航空宇宙局（ＮＡＳＡ）を設立する。ソ連との激しい宇宙開発競争に突入するなか、六一年にアームストロングは宇宙飛行士として選ばれるのだった。

ニール・アームストロング

妻との離婚、両親との死別に直面しながら宇宙飛行士の厳しい訓練を乗り越えたアームストロングは、エドウィン・バズ・オルドリン、マイケル・コリンズとともに、アポロ十一号のパイロットに選ばれ月面着陸に成功。アメリカは国家の威信を取り戻し、三人の宇宙飛行士はアメリカの英雄となる。

しかし、家族との関係に悩み葛藤しながら月面着陸を達成したアームストロングは、英雄扱いする世間を避けるように常に控えめに振る舞い、NASA退職後は大学講師となって、次第に実社会と距離をおくようになった。

現在は故郷のオハイオ州で農業を営み、妻とふたりの子どもとともに家族の絆を大切にしながらひっそりと暮らしている。

アルフレッド・ヒッチコック

巧みな演出で観衆を魅了したサスペンスの神様

一八九九〜一九八〇年

イギリスのロンドン郊外で生まれたアルフレッド・ヒッチコックは、一九二五年、『快楽の園』で映画監督としてのキャリアをスタートした。一九二六年、三作品目にあたる『下宿人』がヒット。これは、ヒッチコック映画のひとつのテーマとなる「人間違いで追われる男」を描いた最初の作品となる。

■遊び心も忘れない不世出の天才監督

一九三八年『バルカン超特急』が、ニューヨーク映画批評家協会の監督賞を受賞。これがハリウッドのプロデューサー、デヴィッド・O・セルズニックの目に留まり、ヒッチコックは渡米することになる。一九四〇年、アメリカでの初監督作品『レベッカ』が、アカデミー最優秀作品賞を受賞し、一躍ヒッチコックの名は全米に広まった。

ヒッチコックは、単なるスリラー映画になりそうな内容を、不安や恐怖心をあおりながら合間に挟まれるイギリス的なブラックユーモア、意外性とスピード感あるストーリー展開、映画技術を駆使した演出の巧みさで、上質なサスペンスに仕上げ

る天才だった。その才能を存分に活かし『北北西に進路を取れ』『サイコ』『裏窓』『鳥』など傑作を残し、五回アカデミー監督賞候補となるものの、いずれも受賞を逃している。

ヒッチコックはテレビ映画にも積極的で、一九五五年には『ヒッチコック劇場』をプロデュースし、自ら番組のホストを務め作品を解説。この番組は大変な人気で八年間続き、世界各地で放映された。

緻密に計算された作品をつくるヒッチコックだが、作品中に一瞬顔を出すという遊び心も持っていた。もともと『下宿人』撮影時に予算不足でエキストラをやったのが始まりだが、それが好評だと知ると必ず登場するようになる。観客を楽しませる術を知り尽くしたヒッチコックならではの「お遊び」といえるだろう。

ロナルド・レーガン

アメリカに自信と誇りを取り戻したテフロン大統領

一九一一〜二〇〇四年

一九八〇年に現職のジミー・カーターを破って、史上最高齢の六十九歳で大統領となったロナルド・レーガンは、ラジオのアナウンサーからハリウッド俳優となり、俳優引退後にカリフォルニア州知事を八年務めた異色の経歴を持つ政治家だ。

■端正な顔立ちと穏やかな語り口で絶大な人気を得る

三度目の挑戦で念願かなって大統領となったレーガンだが、就任から約二ヶ月後の一九八一年三月三十日、ワシントンでの講演終了後にジョン・ヒンクリーに銃撃される。銃弾は急所を外れたため大事には至らなかったが、全身麻酔の緊急手術が必要なほどの重傷だった。それにもかかわらず、レーガンは手術前の執刀医にジョークを飛ばし、陽気に振る舞い続けることで周囲を安心させた。

レーガンのこうした陽気さと俳優出身の端正な容貌、語りかける口調は国民の圧倒的な支持を得る。その人気はレーガン政権最大のスキャンダルとなる「イラン・コントラ事件」――イランへ武器を不正に輸出しその利益をニカラグアの反政府勢力に提供――が起きても、レーガンの支持率にはほとんど影響がなかったことから、

ロナルド・レーガン

「テフロン（傷がつきにくい鍋）大統領」と呼ばれるほど高かった。

■「レーガノミックス」で景気回復の基盤を築く

レーガンが大統領に就任した当時、アメリカの経済は景気が悪化しても物価が上昇するスタグフレーション状態にあったため、大幅減税、国防予算の増大、規制緩和を柱とした「レーガノミックス」と呼ばれる経済政策で国内経済の回復をはかる。当初は目論見が外れ、ドル高による貿易赤字の増大と支出の増大による債務超過という二重の赤字を生み出し、景気も停滞したが、一九八四年から回復に転じ、一九九〇年代後半まで長期の好景気が続いた。しかし、企業や富裕層の利益を優先し、福祉を縮小する政策は、貧富の差の拡大を招いた。

対外政策では、ニクソン、カーターと続いたデタント（緊張緩和）を否定し、ソ連を「悪の帝国」と名指しで非難することで対決姿勢を鮮明に打ち出す。国防予算を増額し戦略防衛構想を推進、さらに世界各地の反共産勢力へ援助を行った。

ソ連は戦略防衛構想に激しく反応し軍拡で対抗しようとするが、アフガニスタン紛争の長期化で疲弊した経済はこれにより破綻。一九八五年に書記長となったミハイル・ゴルバチョフが新思考外交のもとアメリカとの友好路線に転じ、一九八七年にはアメリカ側に大幅譲歩した中距離核ミサイル全廃条約に調印した。

ソ連の軟化を見て取ったレーガンも強硬路線から友好路線へと転換し、ゴルバチヨフ書記長と四度の会談を行い親交を深めた。のちの回顧録でレーガンは、盟友となったゴルバチョフがソ連の急速な改革を進めることで、生命の危険に見舞われるのではないか、と本気で心配していたと語っている。

■強いアメリカの復活

レーガンは、ソ連への強硬姿勢と同様に中南米の社会主義政権や共産ゲリラにも強硬姿勢をとる。一九八三年、グレナダでクーデターが起こると米人保護を名目に軍事介入を行い、約一ヶ月で完全制圧に成功。共産主義勢力を排除し親米政権を樹立した。このグレナダ侵攻はベトナム戦争以来の本格的軍事介入となり、これが大成功に終わったことでアメリカは自信と威信を取り戻すことになる。

また、ニカラグアやエルサルバドルなどで社会主義政権や共産ゲリラの対抗勢力に武器や資金を援助。これにより内戦が激化し民間人を含め何十万人もの死傷者を出すことになり、中南米諸国のアメリカ不信の原因をつくりだした。

レーガンは、ベトナム戦争の敗北とウォーターゲート事件で自信を喪失していたアメリカを「強いアメリカ」に復活させ、冷戦終結への道筋もつくった大統領として評価されている。しかし、「強いアメリカ」を誇示する強硬な外交姿勢はその後の政権にも受け継がれ、湾岸戦争、アフガニスタン侵攻、イラク侵攻などを招いていることも事実で、その罪の部分も忘れてはならないだろう。

ジャンクフードVS健康食

◆意外と古いベジタリアンの歴史

昨今の健康食ブームに伴って注目されることの多い菜食主義だが、アメリカのベジタリアンの歴史は古い。

国民が肉食中心だった十九世紀、プロテスタントの道徳から肉食を禁ずる宗教活動が展開されると、これを契機に穀物と野菜中心の健康食ブームが拡大。十九世紀末には健康食品である朝食用シリアルが国民食となった。しかし一方でこの菜食主義運動にうんざりする人々も多く、のちにジャンクフードといわれる固形チョコレートやハンバーガーの流行は、この健康食ブームへの反動が原因だといわれている。

このようにして、ジャンクフードと健康食は相反する存在ながらも互いに作用し、今日に至るまで発展を繰り返しているのである。

■ アメリカの主なベジタリアン

名称	概要
ビーガン（VEGAN）	動物の肉（鳥肉・魚肉・その他の魚介類）と卵・乳製品を食べない人たち。
ダイエタリー・ビーガン（DIETARY VEGAN）	ビーガンの食事をするが、食用以外の動物の利用を必ずしも避けようとしない。
オボ・ラクト・ベジタリアン（OVO-LACTO VEGETARIAN）	ビーガンとの違いは卵と乳製品を食べること。
ラクト・ベジタリアン（LACTO VEGETARIAN）	ビーガンとの違いは乳製品を食べること。
ストリクト・ベジタリアン（STRICT VEGETARIAN）	厳格な菜食主義者。ビーガンとベジタリアンの両方を指す。

第八章
新しい指導者の出現と未来への展望

揺らぐ超大国の威信
～「アメリカによる平和」が目指したもの～

二十世紀末

■冷戦がもたらした「負の遺産」

冷戦終結宣言後の一九九〇年、東西ドイツが再統一を果たしドイツ連邦共和国が誕生、翌一九九一年にはソ連が崩壊しロシアを中心とした旧ソ連十二ヶ国による連合体「独立国家共同体」が結成される。同年、東欧の軍事同盟「ワルシャワ条約機構」が解散し、欧州における東西という対立軸は完全に消滅した。

アメリカの裏庭と呼ばれる中南米諸国でも、ニカラグアにおける親ソ連のサンディニスタ政権とアメリカに支援された反政府勢力コントラとの内戦を軸に、周辺諸国を巻き込んだ中米紛争が平和裏に終結。アルゼンチン、ブラジルなどの軍事政権も崩壊し民主化されたが、内戦によって疲弊した経済と荒廃した国土の傷跡はいまなお癒えていない。

一方、東アジアでは、冷戦終結後も中華人民共和国と中華民国の対立、大韓民国と朝鮮民主主義人民共和国の対立は解消されなかった。これが現在までアジア地域の安全保障において重大な問題を残す「冷戦の負の遺産」となっており、解決への糸口は見えていない。

■湾岸戦争に圧勝するも景気後退に苦しむ

冷戦に勝利したアメリカは、ロナルド・レーガン大統領の対外強硬策を一九八八年に大統領となったジョージ・H・ブッシュも引き継ぎ、一九八九年、麻薬撲滅を名目に二万四千名のアメリカ軍がパナマへ侵攻する。アメリカ軍は侵攻開始から約一ヶ月でパナマを制圧し、麻薬密輸に関与した容疑でノリエガ将軍を逮捕。野党のギジェルモ・エンダラを大統領に就任させ親米政権を樹立することに成功した。

しかし、国際法を無視したこの侵攻に国際社会は一斉に反発、国連総会も「軍事介入を遺憾とする」決議を採択した。また、パナマ運河の利権確保やCIAのエージェントだったと自供したノリエガ将軍の口封じのための侵攻だったのではないかという疑惑も取りざたされている。

一九九〇年、イラクがクウェートを占領すると、アメリカはサウジアラビア政府にアメリカ軍駐留を認めさせ、イギリスやフランスといった軍事介入に賛同する国を集め多国籍軍を編成。アラブ首長国連邦やバーレーンなど周辺アラブ諸国もアメリカに同調し、サウジアラビアのイラク・クウェート国境付近に多国籍軍とアラブ合同軍が配備された。

国連安全保障理事会は、一九九一年一月十五日をイラクのクウェートからの撤退期限とする「対イラク武力行使容認決議」を承認。イラクがこの撤退期限を無視したため、多国籍軍は航空機と巡航ミサイルによるイラク領内の軍事施設への空爆を開始。徹底攻撃のあと、地上軍によるイラク侵攻作戦が始まると空爆で消耗していたイラク軍は総崩れとなり敗走、地上作戦開始からわずか百時間でクウェートの解放に成功する。

国連安保理は「大量破壊兵器の廃棄」などを定めた停戦決議を採択、イラクのサダム・フセイン大統領がこれを受諾し停戦に合意した。しかし、イラクは核開発防止のための国際原子力機関（IAEA）の査察を拒否するなど、非協力的な態度を見せたため経済制裁を受けることになる。また、大量破壊兵器の破棄が履行されず査察も妨害されているとして、アメリカはイラク制裁という名目で数度にわたってミサイル攻撃を行っている。

湾岸戦争に圧勝したアメリカだったが、国内経済は軍事費の膨張による財政赤字と貿易赤字の「双子の赤字」に苦しんでいた。レーガン政権のレーガノミックスの下に回復基調にあった国内景気は後退し、これが響いてジョージ・H・ブッシュは一九九二年の大統領選で、経済最優先を掲げたビル・クリントンに敗れることになる。

クリントンは、公共投資によって雇用創出と経済成長の基盤を築き産業と労働者の生産性を向上、歳入増加と支出削減によって財政赤字を解消する経済政策「クリントノミックス」をとった。

この政策は当たり、長期金利が低下したため住宅投資や設備投資が拡大。特にパーソナルコンピューターの高性能化とインターネットの普及によるIT革命の結果、IT市場が急速に発展し、設備投資とソフトウェア投資が大幅な伸びを見せた。また、冷戦終結によって国防支出の削減が可能になったため歳出の大幅な削減に成功したこと、カナダ、メキシコと北米自由貿易協定（NAFTA）を結び、広範囲に渡る自由な経済が機能するようになったこと、ドル高を維持することで海外投資の呼び込みに成功したことなどが重なり好景気となった。

■「世界の警察」の光と影

一九九二年、アメリカはソマリアでの国連平和維持活動（PKO）のため軍を派遣するが、翌年に首都モガディシュの戦闘で十八名死亡、七

イラクへの徹底的な攻撃で湾岸戦争に圧勝した多国籍軍。

Photo:Time Life Pictures/Getty Images/アフロ

十三名負傷という大きな人的被害を出してしまう。被害拡大を恐れたアメリカ軍は撤退を決定。平和維持軍の主軸だったアメリカ軍の撤退を受け、他国の軍も次々と撤退してしまったため、ソマリアでは泥沼の内戦が続くことになる。

このソマリアでの地上作戦の失敗以後、アメリカは海外派兵、特に地上軍の投入を控えるようになり、必要なときは空爆や巡航ミサイルによる攻撃を多用するようになった。

一九九八年にケニアとタンザニアでアメリカ大使館が爆破される事件が発生すると、クリントンは報復を即座に決定。アルカイダのオサマ・ビン・ラディンがアメリカに宣戦布告していたことから、アルカイダの

二十世紀末

揺らぐ超大国の威信

～「アメリカによる平和」が目指したもの～

拠点とされるアフガニスタンのキャンプとスーダンの化学工場を巡航ミサイルで攻撃した。しかし、スーダンの化学工場は医薬品を製造していたことが判明。アルカイダ関与の証拠もなく、攻撃の正当性に対してクリントンは議会から激しい非難を浴びることになった。

一九九九年にユーゴスラビア連邦共和国のセルビア共和国にあるコソボで起きた紛争では、和平交渉が物別れに終わると、国連安保理の決議を得ないままアメリカは「人道的介入」を決定。アルバニア人に対するセルビア人の不法行為を理由に、アメリカ軍を中心としたNATO軍はセルビア共和国に対して空爆を開始する。当初は軍事施設に限定した空爆だったが、やがてユーゴスラビア全域に広がった。

しかし、和平案には、ユーゴスラビア全域をNATO軍が実質的に占領するアメリカが提出した付帯条項が含まれており、ユーゴスラビア側が調印できる内容ではなかったことが空爆終了後に判明。また、国連安保理決議なしでの人道的介入の是非も含めて議論が起こっている。

このように、冷戦終結後唯一の超大国となったアメリカは「世界の警察」を自認し、強大な軍事力を背景に戦争、紛争に介入し「アメリカによる平和」を広げた。しかし、その姿勢はアメリカの利害関係にもとづいているとの指摘もあり「覇権主義的」であるとの批判も受けている。

ジョージ・H・ブッシュ

一九二四年〜

湾岸戦争を勝利に導いた冷戦終結後初の大統領

ジョージ・H・ブッシュは、一九二四年、アメリカで名門中の名門といわれるブッシュ家に生まれた。下院議員を経て、国連大使、CIA長官などの重職を歴任したのち、一九八〇年、大統領予備選に出馬するもロナルド・レーガンに敗北。そのレーガンに副大統領に指名され、レーガン政権下で二期八年副大統領を務める。レーガンは謙虚で誠実な人柄のブッシュを信頼し、ブッシュもまたレーガンの忠実な部下として働いた。

■大統領選にまつわる二つの記録

一九八八年、レーガンの任期満了に伴い再び大統領選に出馬したブッシュは、在任中の副大統領は勝てないというジンクスを覆し、実に百四十四年ぶりとなる現職副大統領から大統領への当選を成し遂げた。しかし、再選を狙った一九九二年の大統領選挙でビル・クリントンに敗れ、史上三人目となる現職大統領の敗北という屈辱も味わい、大統領選における名誉な記録と不名誉な記録をそれぞれ残している。

ジョージ・H・ブッシュ

■湾岸戦争に勝利するも、大統領選に敗れる

大統領に就任したブッシュの最初の大きな仕事は、地中海のマルタで行われたソ連の最高指導者ミハイル・ゴルバチョフとの会談だった。この会談後、四十年以上続いた東西冷戦の終結を宣言したが、これはブッシュの功績というよりも前大統領レーガンの功績とするべきだろう。

この冷戦終結宣言からわずか十七日後、アメリカは麻薬の中継基地となっていたパナマに侵攻。麻薬取引の首謀者マヌエル・ノリエガ将軍を逮捕し、親米のエンダラ政権を樹立する。名目は麻薬撲滅のためだったが、逮捕されたノリエガがブッシュがCIA長官時代にCIAのエージェントとして対中南米工作に協力したことを自白したため、口封じ疑惑をはじめさまざまな憶測を生み出すことになった。

一九九〇年に起きたイラクのクウェート侵攻に対しては、サウジアラビアを説得し、アメリカを中心とした多国籍軍駐留を認めさせることに成功。空爆と地上作戦でクウェートからイラク軍を撤退させたことで、ブッシュの支持率は跳ね上がる。

しかし、この湾岸戦争の戦費や石油価格の上昇、経済政策の失敗によりアメリカの景気は徐々に後退。ブッシュは国民の支持を失い、九二年の大統領選に敗れる。

この湾岸戦争を契機としてアメリカは中東への介入を強め、イラク武器査察問題などを理由にイラクを攻撃。二〇〇三年のイラク戦争へとつながっていく。

■大統領選で敗れたのはブロッコリー嫌いのせい!?

ブッシュには現大統領（二〇〇八年九月現在）の実子ジョージ・W・ブッシュほどの失言はないが、大統領専用機のメニューから外させるほどブロッコリーが嫌いで「私はブロッコリーが嫌いだ、大統領となったいま二度と食べない」といってしまったことがある。当然ブロッコリー農家は怒り、十トンのブロッコリーをホワイトハウスに送りつけた。

ブロッコリーの約八割を生産するカリフォルニア州は、五十五人という大統領選の選挙人を持っており、この支持を失っては大変、と、ブッシュは贈られたブロッコリーを貧しい人たちに寄付し「バーバラはブロッコリーが大好きで、私にも食べさせようとしたのです。バーバラはいつも食べていますよ」と発言し、火消しに躍起になった。この発言で騒動は収まったが、ブッシュは一九九四年の大統領選でカリフォルニア州の五十五票を失っており、このブロッコリー失言が敗因ではないかと冗談半分でいわれている。

ブッシュは大統領の権威を失墜させるようなスキャンダルはなく、その点ではクリーンな大統領だった。その功績を称え、テキサス州ヒューストンの空港は「ジョージ・ブッシュ・インターコンチネンタル空港」に改称され、ニミッツ級原子力空母十番艦は「ジョージ・H・W・ブッシュ」と名付けられている。

ビル・クリントン

いかなるスキャンダルからもよみがえる不死鳥大統領

一九四六年〜

ビル・クリントンは、一九四六年、ブライス家の長男として生を享ける。父親はクリントンが生まれる三ヶ月前に交通事故で他界してしまい、母親は亡くなった父親の名を取ってウィリアム・ジェファーソン・ブライス三世と名付けた。母子家庭となったブライス家の生活は苦しく、母親は看護師の資格を取るために別の町へと旅立ち、クリントンは祖父母に育てられることになる。

■ケネディとの握手がきっかけで大統領を目指す

クリントンが四歳になったとき看護師の資格を取って戻ってきた母親は、車のセールスマンだったロジャー・クリントンと再婚。この義理の父親はアルコール中毒で暴力をふるうことも多く、クリントンは大変な苦労をするが、その不幸な家庭環境にもめげず勉学に励み成績は常に優秀だった。のちにクリントンは義理の父親の名字に改名し、愛称「ビル」と合わせてビル・クリントンと名乗ることになる。

十六歳のとき、優秀な学生を集め模擬政府をつくるイベント「ボーイズ・ネーション」のアーカンソー州代表に選ばれたクリントンは、ホワイトハウスに招かれジ

ビル・クリントン

ョン・F・ケネディ大統領と握手する。この体験に衝撃を受けたクリントンは、政治の世界を志し、大統領を夢見るようになるのだった。

■圧倒的不利だった大統領選に勝利する

一九九二年、初挑戦となる大統領選のさなか、アーカンソー州知事時代から続くクラブ歌手ジェニファー・フラワーズとの十二年間に渡る愛人関係と徴兵忌避疑惑が暴露されてしまう。この女性スキャンダルで支持率が一気に低下したクリントンは、一か八かの賭けに出る。ヒラリー夫人とともにテレビに出演しその非を認め、ヒラリー夫人もクリントンを弁護したのだ。この夫婦揃っての出演は好感を持って受け入れられ、支持率回復に成功する。

クリントンは大統領選挙運動中、積極的に有権者の中へ入り、市民と同じ立場で話を聞いた。この「国民第一」の選挙運動は成果をあげ、温かみのある若くて知的な大統領候補「クリントン」は国民の大きな支持を得る。そして、記録的な高い投票率となった一般投票の結果、圧倒的有利といわれた現職のジョージ・H・ブッシュを破って、クリントンは第四十二代大統領に選ばれるのだった。

■どんなスキャンダルからもよみがえる「カムバックキッド」

大統領となったクリントンだが、再び女性スキャンダルに見舞われる。一九九四年、アーカンソー州知事時代に職員だったポーラ・ジョーンズへのセクハラで告訴され、その調査のなかでキャスリーン・ウィリーへのセクハラ、ホワイトハウスの実習生だったモニカ・ルウィンスキーとの不倫が相次いで発覚する。

他にもアーカンソー州知事時代の支援者への便宜供与と不正融資が疑われた「ホワイトウォーター疑惑」、旅行事務所職員の不正解雇といわれた「トラベルゲート疑惑」など、クリントンは常にスキャンダルの渦中にあった。ルウィンスキーとのスキャンダルによって、クリントンは弾劾裁判を受けた史上二人目の大統領となる。

しかし、押し寄せるマスコミから逃げず、堂々と話すクリントンに国民は好感を持ち、逆にプライベートなことまで書き立てるマスコミは国民の反感を買うことになる。どんなスキャンダルが起きても支持率は常に高く、叩かれても不死鳥のようによみがえるため「カムバックキッド」とあだ名された。

クリントンは、外交面では行き当たりばったりの政策が多く、大きな成果はあげていないが、内政面ではクリントノミックスで国内経済を回復させ、莫大な財政赤字を解消し黒字に転じさせるなどの経済政策と教育の推進、ＩＴ普及に大きな功績を残している。清廉潔白とはほど遠いが、等身大で人間味のあるクリントンは、よくも悪くも新しい時代の大統領といえるだろう。

テッド・ターナー

一九三八年〜

独創的発想でCNNを立ち上げたメディア界の風雲児

一九九一年、湾岸戦争で多国籍軍から猛攻を受けるバグダッドからの生中継を敢行し、世界に衝撃を与えたケーブルニュースネットワーク（CNN）は、二十四時間のニュース専門チャンネルとして、一九八〇年、アトランタでテッド・ターナーによって設立された。

CNNの開局当初、二十四時間のニュース専門チャンネルなど失敗すると誰もが思った。しかし、起こったことを伝えるのが常識だったニュースを「今起きていることを伝えるもの」に変えたターナーの発想は独創的、かつ天才的で、三大ネットワークを脅かす存在になるまでの急成長を果たすことになる。

■天才的な独創性でメディアを変革

ターナーのこの独創性と反骨精神は学生時代から発揮されており、高校時代には成績は優秀だが枕カバーでリスを捕まえることに熱中するなど、奇抜な行動で周囲を困らせていた。そしてブラウン大学に進学するも、反骨精神があだになり、校則違反で退学処分となる。その後、父親の経営する全米有数の屋外広告会社ターナー

アドバタイジングに入社。そんななか、父親が自殺してしまい会社を継ぐことになった。
ターナーの独創性は社長になったことで自由に発揮され、通信衛星を利用し全米に番組を配信する「ターナー・ブロードキャスティング・システム」の設立、メジャーリーグのアトランタ・ブレーブスの買収など、経営の多角化と拡大に突き進む。もちろん失敗もあったが、その戦略は当たり、CNN設立へと結びつく。
メディア界の風雲児として有名なターナーだが、実はヨットマンとしても超一流でアメリカズカップ優勝経験がある。
また、アトランタ・ブレーブスの監督として指揮をとる（野球機構に認められず一試合のみ）など、突飛な行動は大人になっても変わらなかった。

アメリカ国民の選択が世界を左右する

～二十一世紀の課題と今後の行方～

■アメリカが揺れた同時多発テロ

二〇〇一年九月十一日、アメリカ国内で四機の旅客機がハイジャックされ、世界貿易センタービルとペンタゴン（アメリカ国防総省）に突入する「アメリカ同時多発テロ」が発生。ジョージ・W・ブッシュ大統領は、すぐに全米の航空機を飛行禁止にするなど緊急対策をとり、非常事態を宣言する。アメリカ国民は本土を攻撃されたことで動揺し、アメリカに対する深い憎悪があることに大きな衝撃を受けた。また、同時多発テロから約二週間後に、郵便を使った炭《たん》疽《そ》菌《きん》テロが起こり二十三名の被害者が発生。無差別生物テロにアメリカ国内はパニック状態となった。

こうした中で「愛国心」を合言葉に、テロ支援国家への報復を支持する世論が形成され、アメリカ全体が結束。テロとの戦争を公言したブッシュの支持率が九割まで跳ね上がる。

国連は、十二日に「テロ非難決議」を採択、NATOとソ連は「国際社会が協調してテロと闘うべき」と共同声明を発表、日本などアジア諸国もアメリカを支持し、反米感情の強いリビアやパキスタン、イランまでもが協力と支援を表明した。

■対テロ戦争という名の侵攻

アメリカは、国際テロ組織アルカイダの指導者オサマ・ビン・ラディンを首謀者と断定。アフガニスタンのタリバン政権がビン・ラディンをかくまっているとして、引き渡しを求めた。しかし、タリバン政権がこれを拒否したため、アメリカを主力とした多国籍軍が十月七日から空爆を開始、反タリバン政権の北部同盟を支援する形で侵攻する。アメリカの圧倒的軍事力にタリバン政権は対抗する術もなく、開戦からわずか二ヶ月でアフガニスタン全土が北部同盟の支配下となった。

ブッシュは、二〇〇二年の一般教書演説で、イラン・イラク・北朝鮮をテロ支援国家とし「悪の枢軸」と名指しで非難。強大な軍事力を背景に、湾岸戦争以来の懸案となっている国連の武器査察をイラクに受け入れさせる。その結果、ブッシュはイラクが大量破壊兵器を隠し持っている証拠があるとして、武力侵攻の準備をはじめた。

二〇〇三年三月十九日、ロシア、中国、フランスなどが強硬に反対するなか、アメリカ、イギリスを中心とした多国籍軍が全面攻撃を開始。攻撃は巡航ミサイルとレーザー照準爆弾などを使用したピンポイント爆撃ではじまり、イラク軍の指揮系統、防空能力を完全に破壊。制空権を完全に支配したところを地上軍が侵攻し、四月十五日に首都バグダッド制圧、イラクを支配下においた。

■アメリカ国民の選択が世界に与える影響

対イラク戦争に勝利したアメリカだが、その莫大な戦費により財政は圧迫され、赤字が四千百三十億ドルにふくれあがった。その一方で、ＩＴバブル崩壊後の景気刺激策として、金利を大幅に引き下げたことで住宅バブルが発生、国内景気は回復した。

しかし、この住宅バブルのなかで登場した信用度の低い人向けのサブプライムローン（住宅ローン）が、二〇〇四年の金利引き上げに伴う住宅バブル崩壊とともに不良債権化。サブプライムローン問題は全世界に飛び火し、世界同時株安とドル安を引き起こした。基軸通貨としてのドルの信用が低くなったことで、日本をはじめとする対米貿易黒字国への影響は避けられない事態となりつつある。

また、イラク統治の失敗で原油価格が高騰し、株から引き上げられた投機資金が原油先物市場に流れ込みさらに高騰を招くなどの問題も発生。バイオ燃料生産によって高騰した食物先物市場にも同様のことが起こり、世界的な問題となっている。

また、イラクでは、開戦理由となった大量破壊兵器は見つからず、二〇〇五年末にブッシュが大量破壊兵器の報告は誤りだったことを認めた。イラク統治においては、新政府と武力勢力の対立に加え、宗派、民族対立が絡み合い複雑な情勢となったため、治安は悪化の一途をたどった。解決への糸口は見えておらず、イラクに侵攻し泥沼状態を招いたアメリカの責任が問われている。

二〇〇八年九月現在行われている大統領選挙は、民主党代表バラック・オバマと共和党代表ジョン・マケインの闘いとなった。イラク戦争に一貫して反対しているオバマ候補が当選すれば、強硬な外交政策が大きく転換すると予想され、アメリカ史上初の黒人大統領という点でも意味は大きい。マケイン候補は、内政面ではリベラル寄りであり、地球温暖化対策にも理解を示す一方、強硬な外交政策で知られており、覇権主義的な介入路線が継続されると考えられている。

ジョージ・W・ブッシュ

対テロ戦争に立ち向かう強硬派大統領

一九四六年〜

アメリカ史上に残る大接戦となった二〇〇〇年の大統領選を制したジョージ・W・ブッシュは、一九四六年、第四十一代大統領ジョージ・H・ブッシュと第十四代大統領フランクリン・ピアースを祖先に持つバーバラの長男として生まれた。

■挫折を味わった青春時代

ブッシュ家はアメリカの名門中の名門といわれ、ブッシュも生まれながらのエリートだった。世界でも名高いイェール大学に学び、祖父や父もメンバーだった互いに協力しあい成功を目指す秘密結社「スカル&ボーンズ」に入会。二〇〇四年に大統領の座を争ったジョン・ケリーも同会のメンバーだったことで、この秘密結社の話は誰もが知ることになった。

エリート街道を突き進んだかに思えるブッシュだが、徴兵の筆記試験では合格最低点だったり、テキサス法科大学に不合格となった経験もあり、挫折を味わっている。そのためか、若いころは酒に溺れ飲酒運転で逮捕されるなど生活が乱れた時期もあり、のちにブッシュ自身が「無責任な青春時代」だったと語っている。

ジョージ・W・ブッシュ

■対テロ戦争とネオコン

ブッシュは大統領就任直後に発生したアメリカ同時多発テロに際して「テロとの戦い」を発表。「アメリカにつくか？ テロリストにつくか？」という演説を行い強硬な姿勢を示した。アメリカ国民の大部分はこれを支持し、ブッシュの支持率は一気に九〇パーセントまで跳ね上がる。

世論の後押しを受けたブッシュは、アメリカ同時多発テロの首謀者オサマ・ビン・ラディンをかくまっているとして、アフガニスタンに侵攻。湾岸戦争以降も断続的な攻撃を加えていたイラクに対しても、大量破壊兵器の査察を履行しないことを理由に、国際社会の反対を押し切って開戦に踏み切った。ブッシュ政権には、武力による他国への介入も辞さないとする強硬姿勢のネオコン（新保守主義）と呼ばれる閣僚が多く、特にイラク開戦は、強硬派のコンドリーザ・ライス補佐官（二〇〇八年九月現在国務長官）らの意見を重視した結果だとされている。

ネオコンの影響は経済政策にも見られ、自由貿易の推進、規制緩和と減税、企業活動重視という新自由主義的政策をとった。しかし、ふたつの戦争による軍事費の増大は財政を圧迫し、四千百三十億ドルもの財政赤字に陥ることになる。

また、住宅バブル崩壊に端を発したサブプライムローン問題で、全世界的な株安とドル安を引き起こし、金融不安が増大。イラク政策の失敗で原油価格の高騰を招き、バイオ燃料の生産で食物価格高騰を引き起こすなど、経済面におけるアメリカの力を相対的に低下させることになった。

■世界を困惑させる迷言

タカ派のイメージが強いブッシュだが、アフガニスタンやイラクでのアメリカ軍戦死者の遺族には直筆の手紙を書くなど誠実な人柄であり、北朝鮮による拉致被害者の家族が訪米したときにはホワイトハウスに招き面会するなど、人権問題には理解が深いとされる。しかし、一方でイラクでは人権が踏みにじられているとの指摘もあり、ダブルスタンダードだという批判の声も少なくない。

また、ブッシズムといわれる人名、地名の言い間違いや文法の間違い、失言、妄言が非常に多く、それに関する書籍が何冊も出版されている。新聞記者に「なぜビン・ラディンは捕まっていないのか?」と聞かれ「隠れているから」と答えたり、ブラジル大統領に「あなたの国にも黒人はいるのか?」と聞いたり、大統領としての知性を疑われても仕方がない発言を繰り返し失笑を買っている。

アメリカ同時多発テロの直後には九〇パーセントを記録した支持率が、イラク政策の失敗が影響してか二〇〇八年には一九パーセントまで落ち込み、大統領支持率の最高記録と最低記録を更新。よくも悪くも憎めない人柄ではあるが、大統領としての素養には欠けると評価せざるを得ない一面を持っている。

コンドリーザ・ライス

外交政策の要として辣腕をふるう世界最強の女性

一九五四年〜

鋭い目つきで力強く語る姿が印象的な黒人女性――ジョージ・W・ブッシュ政権で国務長官を務め、二〇〇五年に世界有数の経済誌『フォーブス』が選ぶ世界最強の女性第一位となった――コンドリーザ・ライスは、英語、ロシア語、フランス語、スペイン語、チェコ語を話し、IQが二百あると噂されるほどの才女である。

■白人の三倍努力し、十五歳でデンバー大学に入学する

父親は牧師、母親は音楽教師という南部アラバマ州の黒人としては裕福な家に生まれ、イタリア語で「甘美に柔らかく演奏する」という意味の「コン・ドルチェッツァ」からコンドリーザと名付けられた。ライス一家が住んでいたアラバマ州は黒人への差別感情が根強い地域で、全米で公民権運動が盛り上がっていた一九六三年、バーミングハムで起きた十六番街教会爆破テロで友人を亡くすという悲しい経験をしている。

両親は差別と戦うには、白人の子供より三倍優れた子どもになることとライスに教え、さまざまな課外活動や教育を受けさせた。ライスはその教えに従い熱心に勉

コンドリーザ・ライス

強し、フィギュアスケートのレッスンに通い、コンサートピアニストになることを夢見て熱心にピアノの練習にも励んだ。その努力が実り、十五歳のとき飛び級でデンバー大学のコンサートピアニスト養成クラスに入学することになる。

■アフリカ系アメリカ人女性初の国務長官に就任

デンバー大学でピアノを学んでいたライスだが、大学二年になったとき人生を変えるひとつの出会いがあった。のちに初の女性国務長官となるマデレーン・オルブライトの父親ヨゼフ・コルベルが教える国際政治学入門に参加し、ソ連と国際関係へ強い興味を持ったのだ。

このときライスは「コンサートピアニストになるには力が足りない」と自分の限界を素直に認め、新しい道を進みはじめることを決意。コルベルから国際政治学を熱心に学び、デンバー大学から優等の成績で政治学士号、翌年にはノートルダム大学から修士号、一九八一年再びデンバー大学から博士号を授与された。

国務省勤務からスタンフォード大学勤務を経て、一九八九年、ジョージ・H・ブッシュ政権で国家安全保障会議東欧ソ連部長に抜擢されたライスは、初めてホワイトハウスを見た十歳のときの「いつかここに住むわ」という宣言を現実のものとする。ソ連・東欧の専門家として活躍し、ミハイル・ゴルバチョフと会談したジョージ・H・ブッシュが「ソ連の知識はすべて彼女に教わりました」とライスを紹介すると、ゴルバチョフがその若さに驚いたというエピソードは有名だ。

二〇〇一年、ジョージ・W・ブッシュ政権の国家安全保障問題担当大統領補佐官に就任し、アメリカ同時多発テロ後の対テロ戦争でアメリカ政府の強硬姿勢を推進。二〇〇四年、パウエル国務長官の辞任を受け、アフリカ系アメリカ人女性初の国務長官に就任しその辣腕をふるっている。その外交政策は攻撃的現実主義と評され、武力介入も辞さないネオコン（新保守主義）と評す向きもある。

■アメリカンドリームの体現者

ライスは国務長官以外にも、シェブロン社、チャールズ・シュワブ社の役員、ウィリアム・アンド・フローラ・ヒューレット財団、ノートルダム大学、J・P・モルガン国際諮問委員会、サンフランシスコ交響楽団の理事などを歴任。プライベートではプロ並みといわれるピアノの腕、解説者顔負けといわれるアメリカンフットボールの知識など、その多才さには驚かされる。

白人社会と男性社会の中で「黒人女性」という大きなハンデを背負ったライスは、大変な努力をして三倍優れた大人になり、国務長官まで登り詰めた。ライスは黒人をはじめとするマイノリティの希望の象徴といえるが、同時に、その努力と才能を認め、黒人女性であっても政府の重職である国務長官に抜擢する今日のアメリカ社会の性格を示しているといってよいだろう。

ジョン・マケイン

所属する共和党の批判も辞さない超党派の一匹狼

一九三六年〜

二〇〇八年十一月に行われるアメリカ大統領選挙で、共和党候補として指名が確定しているジョン・マケイン上院議員は、反骨精神が強く、ときに共和党批判も辞さない「一匹狼」と形容される政治家だ。

基本的には保守路線のマケインだが、ジョージ・W・ブッシュ政権の減税策に反対し修正案を提出したり、民主党と協力して共和党の支持基盤である大企業からの献金を制約する法案を成立させるなどしたため、保守派から激しく反発される一方で、中道・リベラル派からは支持されている。

■自己の主張を貫き通す異色の保守派

マケインのこうした反体制的な行動は昔から変わらず、海軍兵学校時代は指導部への意見は当たり前、権力を振りかざす上官にはボクシングの経験を活かし実力を行使してでも逆らうことがあった。そのためマケインは毎年大量のマイナス評価がつけられ、なんとか卒業できたものの評価は下から六番目という有様だった。

海軍兵学校卒業後、パイロットの訓練を終えたマケインは、爆撃機のパイロット

としてベトナム戦争へ従軍。北ベトナムへの爆撃任務に就き、数十回の出撃のあと撃墜され捕虜となる。

捕虜生活は五年半という長期に及び、最初の二年間は断続的に拷問を受けたため、後遺症で腕が頭より上に上がらなくなってしまった。この経験から、イラクのアブグレイブ刑務所でアメリカ軍が行ったとされる、捕虜への拷問や虐待を激しく非難している。

しかし、イラク戦争そのものは支持しており、民主主義を広め、圧政を打倒するためには武力介入も辞さない強硬派である。

二〇〇八年九月現在、七十二歳と高齢であることがネックだが、党派にとらわれない「一匹狼」マケインならではの改革に期待が高まっている。

バラック・オバマ

ケネディの再来と呼ばれるアメリカの若きカリスマ

一九六一年〜

民主党の大統領予備選挙で、バラック・オバマは、ビル・クリントン元大統領夫人ヒラリー・クリントンを激戦の末破り、民主党候補の指名を勝ち取った。オバマは、ケニア出身の留学生の父親とカンザス州出身のスウェーデン系移民の母親を持つハーフであり、もし、大統領に選ばれれば、史上初の黒人大統領となるため、世界中から注目を浴びている。

端整な顔立ちで痩身、静かな立ち居振る舞いで落ち着いた印象のオバマは、思慮深そうな表情で力強く訴えかける演説に説得力があり、そのカリスマ性はジョン・F・ケネディの再来とさえいわれている。政策は具体性に乏しくイメージだけを語ることが多いとの批判もあるが、閉塞感の強い社会情勢を打ち破ってくれそうな印象を多くの人たちに与えることに成功し、支持を集めた。

■黒人大統領誕生への期待と不安

しかし、四十七歳（二〇〇八年九月現在）と若いオバマは、イリノイ州議会議員を七年間務めたのち、二〇〇四年に連邦議会上院議員初当選と議員経験が浅く、知

事や副大統領といった行政経験も持っていない。支持者たちは、ワシントンに染まっていないオバマだからこそ新風を吹き込むことができると信じているが、果たして大統領の職務を遂行できる能力があるのか疑わしいとする声もある。

長い人種差別の歴史があるアメリカにとって、黒人大統領の誕生は革命的な事件であり、国内外に与える影響の大きさは計り知れない。その意味で当選を願う人たちが大勢いる反面、それを快く思わないクー・クラックス・クラン（KKK）など一部の差別主義的な人間もいまだに存在する。

そのため、暗殺やテロに備え、常にオバマの身辺は厳重に警護されているという現実もまた、アメリカ社会の実情として捉えておくべきだろう。

ビル・ゲイツ

二十世紀にもっとも成功したIT革命の先駆者

一九五五年〜

ビル・ゲイツは、本名をウィリアム・ヘンリー・ゲイツ三世といい、父親は法律家、母親は銀行役員の秘書という裕福な家庭に生まれた。小学校のときから理数系科目が得意で、シアトルの上流階級の子息が通う私立レイクサイド中学・高校に通いはじめる。ここでゲイツは将来を決定づけるふたつの幸運に巡りあった。

最初の幸運は、レイクサイド校に当時としては非常に珍しいコンピューターがあり、それを自由に使えたことである。彼はプログラミングに熱中し、その技術は自然と磨かれていく。第二の幸運は、高校時代にハードウェアに強いポール・アレンと知り合い、ソフトウェアに強いゲイツと完璧といえるコンビを組めたことである。

ハーバード大学に進学したゲイツは、一九七五年、アレンとともに世界初のマイクロコンピューターキットである「アルテア8800」向けのベーシックを開発、売り込みに成功する。そして大学を休学し、マイクロソフトを立ち上げた。

■わずか十八年で世界一の億万長者に

マイクロソフトはMS－DOSの成功で急成長し、ウィンドウズで大成功を収め、

創業からわずか十八年後の一九九三年、ゲイツは世界長者番付一位となる。ゲイツは開発者から経営者に転身し、IT革命の牽引者として、二十世紀にもっとも成功した人物のひとりとして歴史に名を残すことになる。

ゲイツの成功はまさにアメリカンドリームであり、起業家として尊敬と賞賛を受ける一方、他社の参入を妨害し、健全な競争を阻害した不正行為の張本人と見なされることも多く、アメリカでは時に悪者として扱われることもある。

二〇〇八年六月、エイズ、結核など伝染病の根絶、教育水準の向上などのための活動をするビル・アンド・メリンダ・ゲイツ財団に専念することを宣言、マイクロソフトの会長職には留まるものの実務からは引退した。

アメリカ州地図

ミネソタ州
ウイスコンシン州
アイオワ州
イリノイ州
ミシガン州
インディアナ州
オハイオ州
ペンシルバニア州
ニューヨーク州
メーン州
①
②
③
④
⑤
⑥
⑦
⑧
ウエスト
バージニア州
ワシントンD.C.
ミズーリ州
ケンタッキー州
バージニア州
ノースカロライナ州
テネシー州
アーカンソー州
サウス
カロライナ州
ミシシッピ州
アラバマ州
ジョージア州
ルイジアナ州
フロリダ州
①ニューハンプシャー州
②バーモント州
③マサチューセッツ州
④コネチカット州
⑤ロードアイランド州
⑥ニュージャージー州
⑦デラウェア州
⑧メリーランド州

ワシントン州
モンタナ州
ノースダコタ州
オレゴン州
アイダホ州
サウスダコタ州
ワイオミング州
ネブラスカ州
ネバダ州
ユタ州
コロラド州
カンザス州
カリフォルニア州
アリゾナ州
ニューメキシコ州
オクラホマ州
テキサス州
アラスカ州
ハワイ州

アメリカ史　略年表

西暦	アメリカの出来事	世界の出来事
前二五〇〇〇頃	凍結したベーリング海を渡りアジア系モンゴロイドが移住	
一〇〇〇頃	ノルマン人のレイフが入植を試みるも失敗	藤原道長が一帝二后を敢行
一四九二	コロンブスが西インド諸島に到達	グラナダ陥落でレコンキスタ終結
一五五五	イギリスでプロテスタントの迫害がはじまる	川中島の戦い
一六〇七	イギリス人がバージニアに入植。ジェームズタウン建設	
一六一九	バージニアに黒人奴隷導入	
一六二〇	メイフラワー号がプリマスに到着	オランダ人ドレベルが潜水艦発明
一六三〇	マサチューセッツ植民地設立	スウェーデンが三十年戦争参戦
一六三六	植民地初の大学、ハーバード大学が設立される	日本、ポルトガル人を出島へ移す
一六六四	イギリス軍がニューネーデルラントを占拠しニューヨークに改名	フランスが東インド会社設立
一六八一	ウィリアム・ペンがペンシルバニア植民地建設	
一六九二	セイラム村で魔女裁判（〜九三）	スコットランドでグレンコーの虐殺
一七三三	ジョージア植民地建設。イギリス領が十三植民地になる	
一七五五	英仏間で最後の植民地戦争が勃発（〜六三）	ロシアがモスクワ大学開校
一七六五	イギリスが印紙法制定	ドイツがベルリン銀行設立
一七六七	イギリスがタウンゼンド諸法制定	タイのアユタヤ王朝滅亡
一七七三	イギリスが茶法制定／ボストン茶会事件	ローマ教皇がイエズス会を禁止
一七七五	独立戦争開始	
一七七六	アメリカ独立宣言／トマス・ペイン『コモン・センス』出版	平賀源内がエレキテル復元に成功

一七八一	ヨークタウンの戦いに勝利し、イギリス軍が降伏	太陽系第七惑星、天王星発見
一七八三	パリ条約締結、アメリカ合衆国の国際的承認	熱気球による初の有人飛行成功
一七八七	合衆国憲法制定	寛政の改革開始
一七八九	ワシントンが初代大統領に就任	フランス革命（〜九四）
一七九三	イーライ・ホイットニーが綿繰り機発明	フランスでルイ十六世処刑
一八〇三	フランス領ルイジアナを買収	
一八一二	米英戦争（〜一四）	ナポレオンがモスクワ遠征
一八一九	スペインからフロリダを買収	
一八二三	モンロー宣言	シーボルトが長崎上陸
一八二五	エリー運河開通でフロンティア開拓の活発化	ブラジル独立
一八三〇	インディアン強制移住法／アメリカ初の鉄道開通	フランス七月革命
一八三三	アメリカ奴隷制反対協会設立	イギリスが植民地の奴隷制廃止
一八四五	テキサス共和国をアメリカに併合	アイルランドで大凶作
一八四六	オレゴン併合／米墨戦争（〜四八）	海王星発見
一八四八	カリフォルニアで金鉱発見、ゴールドラッシュはじまる	
一八五三	ワシントン大学設立	日本の浦賀にペリー来航
一八五四	奴隷制に反対する共和党結成	マルクスとエンゲルスが共産党宣言
一八六一	南北戦争（〜六五）	イタリア独立戦争（〜七〇）
一八六三	リンカーンによる奴隷解放宣言／ゲティスバーグの戦い	ロンドンに世界初の地下鉄開通
一八六五	リンカーン暗殺／ＫＫＫ結成	メンデル「遺伝の法則」発表
一八六七	アラスカ買収	大政奉還
一八六八	最初の日本人移民がハワイへ	明治維新がはじまる

西暦	アメリカの出来事	世界の出来事
一八六九	大陸横断鉄道開通	
一八七六	グラハム・ベルが電話の特許取得	日本で廃刀令
一八七七	連邦軍南部から撤退／ネズ・パース・インディアン戦争	西南戦争
一八七九	エジソンが白熱電球を発明	
一八八二	中国人労働者入国禁止法	サグラダ・ファミリア建設開始
一八八六	自由の女神完成	ノルマントン号事件
一八八七	インディアン一般土地割当法（ドーズ法）	世界言語エスペラント誕生
一八九〇	フロンティア消滅	第一回帝国会議
一八九八	米西戦争／ハワイ併合	
一九〇三	ライト兄弟が飛行に成功	第一回ツール・ド・フランス開催
一九〇四	セオドア・ルーズベルト大統領が中南米の干渉を正当化	日露戦争（〜〇五）
一九〇七	日米紳士協約	英露仏、三国協商
一九〇九	全米黒人地位向上協会（ＮＡＡＣＰ）設立	東京がワシントンに桜を寄贈
一九一三	カリフォルニア州で外国人土地法制定	袁世凱が中華民国大総統就任
一九一四	パナマ運河完成	第一次世界大戦勃発
一九一七	第一次世界大戦に参戦	ロシア革命
一九一八	ウィルソンの平和十四ヶ条	第一次世界大戦終結
一九二〇	婦人参政権が認められる	国際連盟設立
一九二一	ワシントン会議（〜二二）	モンゴル人民革命
一九二四	排日移民法制定	イギリスがソビエト政権を承認
一九二七	リンドバーグが飛行機で大西洋横断	蒋介石の指示で上海クーデター

一九二九	ウォール街で株が大暴落し、世界恐慌に	
一九三三	ニューディール政策はじまる	ドイツでヒトラー政権誕生
一九三五	中立法の制定	ヒトラーがベルサイユ条約破棄
一九三九	第二次世界大戦勃発、アメリカは中立を表明	ノモンハン事件
一九四〇	フランクリン・ルーズベルト大統領が初の三選	日独伊軍事同盟
一九四一	日本軍による真珠湾攻撃で太平洋戦争開戦	日ソ中立条約成立、独ソ戦開始
一九四二	日系人強制立ち退き命令	スターリングラード攻防戦
一九四四	ノルマンディー上陸作戦／ルーズベルト四選	
一九四五	広島・長崎に原爆投下／第二次世界大戦終結／国際連合設立	日本が無条件降伏
一九四六	イギリス・チャーチル「鉄のカーテン」演説、冷戦時代へ	スターリンがソ連の首相に
一九四九	北大西洋条約機構（NATO）発足	中華人民共和国建国
一九五〇	マッカーシーによる「赤狩り」強まる	朝鮮戦争勃発（～五三）
一九五一	日米安全保障条約	NHK紅白歌合戦開始
一九五四	水爆実験で「死の灰」が日本マグロ漁船を襲う	ベトナム南北分裂
一九五五	キング牧師がバス・ボイコット運動を指導／ディズニーランド開園	ワルシャワ条約
一九六〇	パリ首脳会談が決裂	日本、安保闘争で初の学生死亡者
一九六一	ケネディ大統領がニューフロンティア政策を打ち出す	ベルリンの壁構築
一九六二	キューバ危機回避	中印国境紛争
一九六三	ワシントン大行進／ケネディ暗殺	南ベトナムでクーデター
一九六四	公民権法の制定	中国で原爆実験
一九六六	初の黒人閣僚誕生	ソ連が人類初の月面着陸成功
一九六七	ベトナム反戦運動	ツイッギー来日

西暦	アメリカの出来事	世界の出来事
一九六九	アポロ十一号が月に到達。人類が初めて月面に降り立つ	日本で学生紛争がピーク
一九七二	ニクソン大統領が訪中・訪ソ／男女平等法案（ＥＲＡ）議会を通過	沖縄が日本に返還される
一九七三	ベトナムからアメリカ軍が撤退	オイルショック
一九七四	ニクソン大統領がウォーターゲート事件により辞任	フォード大統領訪日
一九七九	アメリカ大使館人質事件（イラン）	ソ連がアフガニスタン侵入
一九八〇	カーター大統領がモスクワ五輪をボイコット	イラン・イラク戦争
一九八一	女性初の最高裁判事が誕生／初のエイズ症例報告	中国で文化大革命
一九八二	男女平等法案が廃案に	ヨハネ・パウロ二世が英国訪問
一九八三	グレナダ侵攻	東京ディズニーランド開園
一九八四	初の女性副大統領候補にフェラーロが指名される	
一九八六	チャレンジャー号の打ち上げ失敗	ハレー彗星接近
一九八九	パナマ侵攻／米ソ首脳が冷戦終結を宣言	天安門事件／ベルリンの壁崩壊
一九九一	湾岸戦争	ソビエト連邦崩壊
一九九二	ロス暴動	ボスニア・ヘルツェゴビナ紛争
一九九五	マイクロソフト社が「Ｗｉｎｄｏｗｓ95」発売	阪神淡路大震災
一九九八	ケニアとタンザニアの米大使館でテロ被害	北朝鮮テポドン発射
一九九九	クリントン大統領が不倫スキャンダル	日本で国旗国歌法成立
二〇〇〇	大統領選の最終得票をめぐって混乱	中東和平交渉決裂
二〇〇一	アメリカ同時多発テロ	タリバン政権崩壊
二〇〇三	イラク戦争	感染症ＳＡＲＳが三十二ヶ国で猛威
二〇〇七	アフリカ系アメリカ人のオバマが大統領選民主党予備選に立候補	

歴代アメリカ大統領一覧

代	名前	政党	在任期間
1	ジョージ・ワシントン	連邦	1789〜1797
2	ジョン・アダムズ	連邦	1797〜1801
3	トマス・ジェファーソン	民主共和	1801〜1809
4	ジェームズ・マディソン	民主共和	1809〜1817
5	ジェームズ・モンロー	民主共和	1817〜1825
6	ジョン・Q・アダムズ	民主共和	1825〜1829
7	アンドリュー・ジャクソン	民主	1829〜1837
8	マーティン・バンビューレン	民主	1837〜1841
9	ウィリアム・H・ハリソン	ホイッグ	1841（病死）
10	ジョン・タイラー	ホイッグ	1841〜1845
11	ジェームズ・ポーク	民主	1845〜1849
12	ザカリー・テイラー	ホイッグ	1849〜1850（病死）
13	ミラード・フィルモア	ホイッグ	1850〜1853
14	フランクリン・ピアース	民主	1853〜1857
15	ジェームズ・ブキャナン	民主	1857〜1861
16	エイブラハム・リンカーン	共和	1861〜1865（暗殺）
17	アンドリュー・ジョンソン	民主	1865〜1869
18	ユリシーズ・グラント	共和	1869〜1877
19	ラザフォード・ヘイズ	共和	1877〜1881
20	ジェームズ・ガーフィールド	共和	1881（暗殺）
21	チェスター・アーサー	共和	1881〜1885
22	グロバー・クリーヴランド	民主	1885〜1889
23	ベンジャミン・ハリソン	共和	1889〜1893
24	グロバー・クリーヴランド	民主	1893〜1897
25	ウィリアム・マッキンリー	共和	1897〜1901（暗殺）
26	セオドア・ルーズベルト	共和	1901〜1909
27	ウィリアム・タフト	共和	1909〜1913
28	ウッドロウ・ウィルソン	民主	1913〜1921
29	ウォレン・ハーディング	共和	1921〜1923（病死）
30	カルヴィン・クーリッジ	共和	1923〜1929
31	ハーバート・フーバー	共和	1929〜1933
32	フランクリン・ルーズベルト	民主	1933〜1945（病死）
33	ハリー・S・トルーマン	民主	1945〜1953
34	ドワイト・D・アイゼンハワー	共和	1953〜1961
35	ジョン・F・ケネディ	民主	1961〜1963（暗殺）
36	リンドン・ジョンソン	民主	1963〜1969
37	リチャード・ニクソン	共和	1969〜1974（引責辞任）
38	ジェラルド・フォード	共和	1974〜1977
39	ジミー・カーター	民主	1977〜1981
40	ロナルド・レーガン	共和	1981〜1889
41	ジョージ・H・ブッシュ	共和	1989〜1993
42	ビル・クリントン	民主	1993〜2001
43	ジョージ・W・ブッシュ	共和	2001〜2009（任期満了予定）

参考文献

『アメリカ黒人女性の歴史』岩本裕子著　明石書店
『アメリカの黒人と公民権法の歴史』大谷康夫著　明石書店
『冷戦後のアメリカ外交―クリントン外交はなぜ破綻したのか』William G. Hyland著　堀本武功・塚田洋訳　明石書店
『二十世紀の千人　1〜8巻』朝日新聞社
『マイライフ クリントンの回想 MY LIFE by Bill Clinton 上・下』Bill Clinton著　楡井浩一訳　朝日新聞社
『ロシア同時代史権力のドラマ―ゴルバチョフからプーチンへ』木村明生著　朝日新聞社
『テッド・ターナー―CNNを創った男』Porter Bibb著　久坂翠訳　アスキー
『世界を変えた6人の企業家　ヘンリー・フォード』Michael Pollard著　常盤新平訳　岩崎書店
『アメリカ黒人の歴史』本田創造著　岩波書店
『自由への大いなる歩み――非暴力で闘った黒人たち』Martin Luther King著　雪山慶正訳　岩波書店
『大恐慌のアメリカ』林敏彦著　岩波書店
『ローザ・パークス自伝』Rosa Parks著　高橋朋子訳　潮ライブラリー
『オバマ―アメリカを変える挑戦』Marlene Targ Brill著　日本漢字教育振興会編纂　本間正人訳　オーク
『冷戦とは何だったのか―戦後政治史とスターリン』Voitech Mastny著　秋野豊・広瀬佳一訳　柏書房
『自伝でたどるアメリカン・ドリーム』亀井俊介　鈴木健次編　河合出版
『アメリカ語ものがたり　1・2』Bill Bryson著　木下哲夫訳　河出書房新社
『ホワイトハウス報道官 レーガン・ブッシュ政権とメディア』Marlin Fitzwater著　佐々木伸・菱木一美訳　共同通信社
『平和を語る―次世代のためのヴィジョン』Jimmy Carter著　高城恭子訳　近代文芸社
『実験国家アメリカの履歴書』鈴木透著　慶應義塾大学出版会
『ソ連邦崩壊とレーガンの戦争―ソ連邦崩壊の真実とは』田中賀朗著　健友館
『アメリカの軍事戦略』江畑健介著　講談社
『キング牧師とマルコムX』上坂昇著　講談社
『宗教から読むアメリカ』森孝一著　講談社
『人物アメリカ史　上・下』Roderick Nash・Gregory Graves著　足立康訳　講談社
『チャーリー・チャップリン』岩崎昶著　講談社
『平等への道　アフリカ系アメリカ人と最高裁』大谷康夫著　彩流社
『冷戦―その歴史と問題点』John Lewis Gaddis著　河合秀和・鈴木健人訳　彩流社
『世界文学全集37　ヘミングウェイ』集英社
『People America　人物アメリカ史　1〜8』集英社
『ラムゼー・クラークの湾岸戦争―いま戦争はこうして作られる』Ramsey Clark著　中平信也訳　地湧社
『定本　映画術―ヒッチコック』François Roland Truffaut著　山田宏一・蓮實重彦訳　晶文社（改訂版）
『ヒッチコック万歳！（植草甚一スクラップ・ブック）』植草甚一著　晶文社
『信じること働くこと―ジミー・カーター自伝』Jimmy Carter著　瀬戸毅義訳　新教出版社
『私には夢がある――M・L・キング説教・講演集』Clayborne Carson・Kris Shepard著　梶原寿訳　新教出版社

『アメリカ史重要人物101』猿谷要編　新書館
『新世界秩序　甦るパクスアメリカーナと日本　上・下』高橋靖夫著　総合法令出版
『アポロとソユーズ―米ソ宇宙飛行士が明かした開発レースの真実』David Scott・Alexei Leonov著　鈴木律子・奥沢駿訳　ソニーマガジンズ
『ファーストマン　上・下』James R. Hansen著　日暮雅通・水谷淳訳　ソフトバンククリエイティブ
『英語史』松浪有著　大修館書店
『マイ・ドリーム―バラク・オバマ自伝』Barack Hussein Obama, Jr.著　木内裕也・白倉三紀子訳　ダイヤモンド社
『ジャッキー・ロビンソン物語』Richard Scott著　国代忠男訳　筑摩書房
『アジア冷戦史』下斗米伸夫著　中央公論社
『完訳　マルコムX自伝　上・下』Malcolm X著　浜本武雄訳　中央公論社
『世界の文学セレクション36　フォークナー』中央公論社
『戦略家ニクソン―政治家の人間的考察』田久保忠衛著　中央公論社
『月をめざした二人の科学者―アポロとスプートニクの軌跡』的川泰宣著　中央公論社
『アメリカの20世紀（上・下）』有賀夏紀著　中央公論新社
『カーネギー自伝』Andrew Carnegie著　坂西志保訳　中央公論新社
『13日間―キューバ危機回顧録』Robert F. Kennedy著　毎日新聞社外信部訳　中央公論新社
『物語アメリカの歴史』猿谷要著　中央公論新社
『藁のハンドル』Henry Ford著　竹村健一訳　中央公論新社
『世界を動かすアメリカ重要人物100人』向江龍治著　中経出版
『民衆のアメリカ史　中』Haward Zinn著　平野孝他訳　TBSブリタニカ
『アメリカ　超大国のリアルな生活』トラベルジャーナル
『図解雑学アメリカ大統領』高畑昭男著　ナツメ社
『アメリカン・ヒストリー入門』August C.Radke著　川口博久・千葉則夫他訳　南雲堂
『マーティン・ルーサー・キング自伝』Clayborne Carson著　梶原寿訳　日本基督教団出版局
『面白いほどよくわかるアメリカ』鈴木晟・荒木教夫著　日本文芸社
『アリステア・クックのアメリカ史』Alistair Cooke著　鈴木健次・櫻井元雄訳　日本放送出版協会
『大国ロシアの漂流―ゴルバチョフとエリツィンの10年』Wolfgang Leonhard著　村上紀子訳　日本放送出版協会
『NHKスペシャル十月の悪夢―1962年キューバ危機・戦慄の記録』阿南東也・NHK取材班著　日本放送出版協会
『世界の食文化12　アメリカ』本間千枝子・有賀夏紀著　農山漁村文化協会
『孤高の提督　アルフレッド・マハン』谷光太郎著　白桃書房
『大統領の陰謀―ニクソンを追いつめた300日』Bob Woodward・Carl Bernstein著　常盤新平訳　文藝春秋
『ディープ・スロート　大統領を葬った男』Bob Woodward著　伏見威蕃訳　文藝春秋
『アメリカを知る事典』斉藤真著　平凡社
『アメリカン・メジャースポーツ読本』ベースボール・マガジン社
『エジソン　20世紀を発明した男』Neil Baldwin著　椿正晴訳　三田出版会
『アメリカの歴史テーマで読む多文化社会の夢と現実』有賀夏紀・油井大三郎編　有斐閣アルマ
『わがアメリカンドリーム―レーガン回想録』Ronald W. Reagan著　尾崎浩訳　読売新聞
『蝶をいじめてはいけない！～USAアンビリーバボー法律100～』Jeff Koon・Andy Powell著　高瀬直美訳　ランダムハウス講談社
ほか、多数の書籍およびWebサイトを参考にしています。

監修者紹介

有賀 夏紀（あるが なつき）

1944年（昭和19年）生まれ。東京都出身。お茶の水女子大学文教育学部卒業。東京大学大学院社会学研究科国際関係論博士課程単位修了。スタンフォード大学大学院修了（Ph.D.）。現在、埼玉大学教養学部教授。専攻はアメリカ史、アメリカ研究。『アメリカ・フェミニズムの社会史』（勁草書房）で山川菊栄賞および日米友好基金賞を受賞。著書に『アメリカの20世紀〈上・下〉』（中央公論新社）、共著書に『アメリカの歴史―テーマで読む多文化社会の夢と現実』（有斐閣）、『世界の食文化12　アメリカ』（農山漁村文化協会）など。

編著者紹介

株式会社レッカ社（かぶしきがいしゃ れっかしゃ）

編集プロダクション、1985年設立。ゲーム攻略本を中心にサッカー関連、ファッション系まで幅広く編集制作する。代表作としてレトロバイブル『大百科シリーズ』（宝島社）やシリーズ計600万部のメガヒット『ケータイ着メロ　ドレミBOOK』（双葉社）などがある。『永遠のガンダム語録』（カンゼン）をはじめ、ガンダム関連本も多数編集制作。現在『ジュニアサッカーを応援しよう！』を雑誌、ウェブ、ケータイ公式サイトで展開中。

編集……………………………株式会社レッカ社
　斉藤秀夫、森哲也
ライティング…………………松本晋平、田中雅大、小日向淳
本文デザイン…………………和知久仁子
本文イラスト…………………五島聡、吉江璃水
写真提供………………………アフロ
DTP……………………………Design-Office OURS
プロデュース…………………越智秀樹（PHP研究所）

本書は、書き下ろし作品です。